Andrea Latritsch-Karlbauer

Es lebe die Unvernunft

Andrea Latritsch-Karlbauer

ES LEBE DIE UNVERNUNFT

Anleitung zur Lebendigkeit

GOLDEGG VERLAG

Cover Zeichnung: Gregor Kari
Bildrechte Autorenfoto: Reinhard Latritsch

Der Verlag und seine Autorin sind für Reaktionen, Hinweise oder Meinungen dankbar. Bitte wenden Sie sich diesbezüglich an verlag@goldegg-verlag.com.

Der Goldegg Verlag achtet bei seinen Büchern und Magazinen auf nachhaltiges Produzieren. Goldegg Bücher sind umweltfreundlich produziert und orientieren sich in Materialien, Herstellungsorten, Arbeitsbedingungen und Produktionsformen an den Bedürfnissen von Gesellschaft und Umwelt.

FSC www.fsc.org MIX Papier aus verantwortungsvollen Quellen FSC® C083411

ISBN Print: 978-3-903090-50-7
ISBN E-Book: 978-3-903090-51-4

Friedrichstraße 191 • D-10117 Berlin
Telefon: +49 800 505 43 76-0

Goldegg Verlag GmbH, Österreich
Mommsengasse 4/2 • A-1040 Wien
Telefon: +43 1 505 43 76-0

E-Mail: office@goldegg-verlag.com
www.goldegg-verlag.com

Layout, Satz und Herstellung: Goldegg Verlag GmbH, Wien
Druck und Bindung: CPI books GmbH, Leck

»Es ist unvernünftig, mit dem Regenschirm aus dem Haus zu gehen, obwohl es gar nicht regnet.«
(LYDIA, 92 JAHRE)

Ich widme dieses Buch meinem Mann Reinhard, dem besten Ehemann von allen, der mich in all meinen unvernünftigen Aktivitäten tatkräftig unterstützt, und meinen Eltern, die mir so viel positive Weltsicht mitgegeben haben und meinen Mut stärkten, um den Weg zu gehen, der mir Freude macht.

Inhaltsverzeichnis

Geleitwort

Wer Andrea Latritsch-Karlbauer kennt, weiß wahrscheinlich schon, in welche Richtung er verführt und mitgenommen werden will. Die zupackende Lebendigkeit ihrer Prosa, die außergewöhnlichen Erlebnisse und Geschichten können mitreißen, zumindest lassen sie uns nicht in einer kalten, bewegungslosen Nüchternheit zurück. So schließt auch dieses Buch an Bisheriges an: Man wird mitbewegt, ob man will oder nicht, die Nähe der Autorin zu ihrem »Stoff« lädt zu einer Begleitung ein, die zum Mitgehen auffordert, uns ironische Distanz schwer macht.

Das gewählte Thema, die »Unvernunft«, spricht an und verstört zugleich. Wir werden gleichsam angeregt, einmal richtig unvernünftig zu sein, und dabei, so wird uns prophezeit, könnten wir uns wieder in einer längst zugeschütteten, zugeeichten neuen Lebendigkeit erfahren. Oft wurde den ältesten Geschwistern eingetrichtert, vernünftig zu sein, und so wurden ihre Lebensläufe von diesem Aufruf durch und durch geprägt. Jedenfalls solle man vernünftiger sein als die jüngeren Geschwister, die man erst auf dem Weg zur Vernunft sah. Der Aufruf war einerseits lästig, wenn nicht sogar diskriminierend, auf der anderen Seite sollte er auch Überlegenheit vermitteln, auf die man stolz sein sollte. Auch wenn späterhin in unserem Leben der Appell verklingen mag, wir scheinen weiter von der Vernunft verfolgt zu werden, schließlich sind wir Kinder der Aufklärung, und die hat uns »irrationelle Ausritte« verboten. Vernünftig sind wir füreinander berechenbar, man kann sich aufeinander verlassen, die Unvernunft ist ausgetrieben. Wenn da nicht die Gefühle wären, die kommen, wann sie wollen, und nicht, wie unsere Vernunft es ihnen vorschreibt, wenn wir nicht betroffen in Streit und von Konflikten plötzlich ausscheren und uns wahrlich nicht mehr wirklich vernünftig verhalten, uns »gehen lassen«. Wenn man sich also vorbehaltlos auf unsere Vernünftigkeit verlassen will, kann es sein, dass wir dabei von allen guten Geistern bereits verlassen sind.

Die Philosophie freilich, die ja gerne auch ins Eck spröder, staubtrockener Rationalität gestellt wird, kennt aber seit der Aufklärung eine interessante Unterscheidung, nämlich die zwischen Verstand und Vernunft. Diese dürfte es deshalb sein, weil sie den absoluten Anspruch des Verstandes, seine Logik, seine strikte Klarheit infrage stellt, relativiert. Der Verstand ist feststellend, festlegend, definiert und bestimmt (sowie man es in der Wissenschaft verfolgen kann), die Vernunft zeigt seine Grenzen auf, relativiert seinen Anspruch, ohne dass sie deshalb irrational willkürlich, bloß subjektiv werden müsste. So repräsentiert sie eine notwendige Differenz, die den Verstand nicht zur Ruhe kommen lässt, seine Ein- und Ausgrenzungen kritisch markiert und deshalb bei ihm auch nicht sehr beliebt ist. Das hier von der Autorin als Unvernunft Angesprochene entspricht daher eher dem Motiv der Vernunft, die sich gegen den Verstand starkmachen will. Und so kann es auch dem Leser gehen: Ist das hier angesprochene Unvernünftige wirklich unvernünftig? Oder werden nicht eher abweichende Wege aufgezeigt und gegangen, die in Felder und Umgebungen führen, die Horizonte erweitern, nachdenklich machen, erstarrtes Leben wieder in neuem Gewand auferstehen lassen? Die hier verfolgte Unvernunft ist also nicht Dummheit, in willkürlicher Bindung an den »Pflock des Augenblicks« einer plötzlichen Laune entsprungen. Sie ist Grenzgang und Grenzüberschreitung, und das Jenseits der Grenze hat ihre Verbindung mit ihrem Diesseits nicht völlig hinter sich gelassen, gibt ihr nur neue

Perspektiven. Ob nicht das wahre Unvernünftige im unbefragten Diesseits liegt, das sich seiner Grenzen nicht bewusst ist und sich daher für unumstößlich hält?

Da ist auch die Gewohnheit. Wir werden aufgefordert, Eingespieltes, Gewohntes, Routineunterworfenes zu verlassen, uns hinauszuwagen ins Unerhörte, ins Abseits-Liegende und dort ein wenig zu riskieren. Tatsächlich leben wir in einer seltsamen Welt. Vieles ist bis ins Kleinste geregelt, unser Alltag läuft in sich gleichbleibenden Wiederholungen höhepunktlos ab. Fast wie Maschinen arbeiten wir uns an Aufgaben und Aufträgen ab, die zeitweise durch Wellness- und Gesundheitsprogramme geschmiert werden. Selbst »Abenteuerurlaube« geschehen in eingepflockten Leitplanken. Wären nicht Zeitverdichtung und Stress, wir könnten ganz unbesorgt dahinleben, nicht beunruhigt durch Überraschendes. Wäre da nicht eine gegenteilige Ahnung. Das Gewohnte führt, obwohl Sicherheit versprechend, nicht ins Glück; und nur allzu viel bewegt sich außerhalb und wird nicht erfasst. Der Eindruck verstärkt sich, dass wir uns Probleme geschaffen haben, die wie Irrlichter außerhalb des Gewohnten aufflammen und uns oft gerade dann irritieren, wenn wir es am wenigsten erwarten. Umso mehr klammern wir uns dann oft in unsere übersichtlichen Bezirke, schützen ihre Grenzen, versuchen, Bedrohliches draußen zu halten. Wege ins Unvernünftige, in ein anderes Erleben, werden uns als Wege aus dem Gewohnten angeboten; und dieses Erleben, die sich öffnende Neugierde macht unsere Welt wieder bunter, lässt uns ein unerwartetes Beglücktsein empfinden, die unbestimmte Ängstlichkeit von vorhin schwindet. Vielleicht wächst auch der für uns so notwendige Mut. Wollen wir jene Probleme, die wir uns weltweit geschaffen haben, bewältigen oder zumindest in eine neue Sicht führen, neue Bekanntschaften mit ihnen eingehen, werden wir bisherige Sicherheiten und die mit ihnen ständig verbundenen Beschwörungen und Versprechungen verlassen müssen? Es ist nicht zu erwarten, dass wir mit jenen Mitteln und Methoden jene Zustände verändern können, die für ihr Zustandekommen verantwortlich gewesen sind. Insofern könnte man die Reise in die Unvernunft auch als Freiheitsgewinn verstehen, einer Parole entsprechend: Die für uns höchste Freiheit besteht in der Akzeptanz von Unsicherheit.

In »Ratgebern« lautet dies so (siehe: »Psychologie heute«, Mai 2016): »Nimm das Unvorhersehbare freudig an und führe das Unerwartete herbei.« Denn »unsere glücklichsten Erinnerungen enthalten ein Element von Überraschung«. Sie zulassen, heißt wachsen, intensiver leben, nicht in Beständigkeit zu verkümmern.

em. o. Univ.-Prof. Dr. Peter Heintel

Was ist Unvernunft?

Hallo, liebe Leserinnen und Leser, ich freue mich, dass Sie dieses Buch aufgeschlagen haben und mich auf meiner Reise in die Unvernunft begleiten. Ja, Sie lesen richtig, das Buch halten Sie zwar schon in Händen, und trotzdem entsteht es vor Ihren Augen, da ich ja zum Zeitpunkt des Schreibens meiner ersten Zeilen selbst noch nicht weiß, wohin es uns führen wird. Fast alles, was von jetzt ab passiert, ist nicht geplant, unmittelbar und somit unberechenbar. Ziemlich unvernünftig, oder?

Wieder begebe ich mich in eine Situation, ein Unternehmen zu starten, das mir sehr am Herzen liegt. Keine Ahnung, was dabei herauskommen wird, da es um ein Thema geht, das ich selbst noch nicht ganz verstehe und es deshalb näher beleuchten möchte, um zu erfahren, was es wirklich bedeutet. Vernünftig war ich ja schon lange genug, deshalb will ich nun wissen, was es heißt, aus meinem gewohnten Leben auszusteigen und ein wenig unvernünftig zu sein. »Das war schon immer so«, war gestern. Heute mache ich mich auf die Suche und erobere das unsichere Terrain der Unvernunft. Zuerst muss ich aber wissen, was dieses Wort überhaupt bedeutet.

Ein kurzer Blick ins Wörterbuch führt mich zu folgender Erklärung: »unbedachte Verhaltensweise, mangelnde Vernunft«. Peter Heintel, Philosoph und Gründer des Vereins zur Verzögerung der Zeit, erklärte bereits im Geleitwort, dass die Vernunft unvernünftig ist und den Verstand ständig davon überzeugen muss, aus seinem engen Korsett auszutreten und das Leben etwas lockerer zu sehen. Ja, was denn jetzt? Ist jetzt die Vernunft die Unvernunft?

Das verwirrt mich. Mir bleibt nichts anderes übrig, als mich auf den Weg zu machen und Menschen auf der Straße, im Zug und in meinem Umfeld zu befragen, um Klarheit darüber zu erlangen, was Unvernunft wirklich bedeutet. Und was ist das Ergebnis? Die eine sagt, es ist unvernünftig, einen Mann gleich bei der ersten Begegnung mit nach Hause zu nehmen, ein anderer findet es unvernünftig, bei Rot über die Kreuzung zu gehen oder zu heiraten. Zahlreiche Antworten finden Sie in den nachfolgenden Geschichten und im Anhang des Buches, und Sie dürfen Ihre gleich anfügen. Vielleicht bringt das mehr Klarheit. Jeder sagt etwas anderes, und ich bekomme schön langsam das Gefühl, dass sich dieser Begriff nicht einfangen lässt. Er passt in kein Schema, das ist ja die Schwierigkeit. Worauf habe ich mich da nur eingelassen? Was fange ich mit diesen Informationen an, ich will doch ein Buch schreiben? Einen Moment Geduld, ich muss nachdenken.

Mein erster Impuls

Da hilft es nur, zu meinem ersten Impuls zurückzugehen, dem Bauchgefühl, das mich bewogen hat, dieses Buch zu schreiben, ein Bedürfnis, das sich mir förmlich aufdrängte.

In diesem Falle sind es Situationen, die mir sowohl im Umgang mit mir selbst als auch mit den vielen Seminarteilnehmern begegnen. Da wäre Peter, ein erfolgreicher Manager, der sich in seinem täglichen beruflichen Rollenspiel selbst verliert und das Lachen und die Lebendigkeit vermisst, oder Christa, die Krankenschwester, die in ihrem Perfektionsstreben den Anschluss zu ihren Patienten und Kolleginnen verliert. Es gäbe noch unzählige Beispiele, aber alle haben ein Bedürfnis gemeinsam: Sie wollen mehr Abwechslung und Lachen in ihr Leben bringen, ihre verdrängten Wünsche ausleben und manchmal vielleicht ein wenig unvernünftig sein. Ein fremdbestimmtes Leben lässt uns nur noch funktionieren und macht uns unbeweglich. In meiner beruflichen Auseinandersetzung mit der authentischen Haltung, der Wechselwirkung von Körper und Psyche und der Auswirkung unseres Gangstils auf Körper, Atem, Stimme und Handlungsweise treffe ich viele Menschen, die nach ihren eigenen Aussagen ein Leben nach Normen führen, das sie wenig befriedigt. Es fehlt ihnen etwas und man müsste viel mutiger werden, sind die Aussagen. Aber wie geht das? Ich zeige ihnen, wie sie, über das Optimieren ihres Gehverhaltens, Spannungen lösen können, ihre Atmung in Fluss bringen und somit den Humor und ihren Lebensfluss aktivieren können. Was dann passiert, ist unglaublich.

Die Lebendigkeit

Es gibt einen Moment, in dem *die* entscheidende Spannung im Körper gelöst wird, und plötzlich erstrahlt der Mensch. Das Gesicht wird frei, die Mundwinkel gehen nach oben, die Augenbrauen beginnen zu tanzen und die Augen funkeln. Es ist, als würde der Körper alle angesammelten Probleme und Belastungen ins Universum schleudern und uns daran erinnern, wer wir wirklich sind. Das erlebe ich ständig in meinen Seminaren, wenn wir mit der Feinmotorik arbeiten und grundlegende Spannungen lösen, die uns den Handlungsspielraum nehmen. Müdigkeit und Anspannung verschwinden und weichen einer wunderbaren Lebendigkeit. Wir fühlen uns um Jahre jünger und so sehen wir auch aus, ganz ohne Botox und andere Hilfsmittel.

Wir alle wünschen uns diesen herrlich leichten Zustand, aber warum wehren wir uns so dagegen? Wir jagen der Perfektion hinterher, lassen uns antreiben, fürchten uns vor Pausen und dem Nichtstun und beweisen uns über unsere Leistung. Weshalb haben wir so große Angst davor, uns selbst zu begegnen? Es ist wissenschaftlich erwiesen, dass bewusstes Nichtstun eine wunderbare Möglichkeit ist, aus dem täglichen Hamsterrad auszusteigen und dem Gehirn eine Ruhepause zu gönnen. Ist Ihnen aufgefallen, dass wir in Momenten des Innehaltens die besten Ideen haben? Diese Pausen lassen Raum für Selbstreflexion und Unerwartetes. Es ist vielleicht nicht immer angenehm, auf uns und unser Leben zu blicken. Aber ist das nicht auch eine Chance, wieder einen Fokus auf seine Leidenschaften zu richten und diese auszuleben? Viele Menschen sind Meister darin, ihre Freizeit mit durchgetakteten Aktivitäten vollzustopfen. Wer sagt, dass wir rund um die Uhr aktiv sein müssen? Sind wir nicht auch liebenswert ohne unsere berufliche oder sportliche Leistung, liebenswert als Mensch, der einfach nur *ist*? In meinem letzten Buch »Wer geht, gewinnt« lesen Sie über die positiven Auswirkungen Ihres optimalen Gehens und Sie finden Spaziergänge, in denen Sie wieder Ihren eigenen gesunden Rhythmus finden und Ihr Leben in Fluss bringen. Beobachten Sie mal Ihren Atem, wenn Sie entspannt sind. Das ist ein Wechsel aus Einatmen – Ausatmen und Pause, einatmen, ausatmen und Pause, einatmen, ausatmen … Das ist unser natürlicher Rhythmus, da kommt die Energie in Fluss. Gehen Sie ein paar Schritte, bleiben Sie stehen, betrachten Sie Ihre Umgebung, nehmen Sie die Farben und Gerüche bewusst wahr und atmen Sie ein und aus. Dann gehen Sie wieder weiter. Wiederholen Sie dies mehrmals. Wenn Sie sich immer wieder bewusst mit der Natur verbinden, haben Sie einen herrlichen Frischekick.

Der Moment der größtmöglichen Lebendigkeit ist für mich der erste Impuls für dieses Buch. Ich erahne jetzt schon, wie sehr Unvernunft, Gewohnheit und Lebendigkeit miteinander verwoben sind.

Haben Sie Lust, Ihrer Unvernunft zu begegnen? Verlassen wir gemeinsam unsere Komfortzonen und probieren wir

Neues aus. Als Geschenk dafür erhalten wir eine große Portion an Mut und Lebendigkeit. Sind Sie dabei?

Ein Selbstexperiment, was sonst?

Ich starte ein Selbstexperiment. Sie hören richtig, ich will wissen und selbst erfahren, was Unvernunft ist und was sie für mich bedeutet. Ist es wirklich so unvernünftig, unvernünftig zu sein, oder ist ein Schritt aus dem Gewohnten eine Chance, Neues zu entdecken? Schon jetzt fühle ich die Neugier in mir und kann es kaum erwarten, meine Augen zum Staunen zu bringen, wenn ich aus meiner Komfortzone aussteige.

Seien Sie meine Zeugen!

Mutig, ohne Furcht und Tadel starte ich meinen Selbstversuch und probiere Dinge aus, die ich für mich noch nie in Betracht gezogen oder zuvor gemacht habe. »Ich wollte schon immer mal«, sage ich manchmal, ohne ernsthaft darüber nachzudenken, wie sich mein jeweiliger Wunsch realisieren lässt. Hätte ich doch, ich würde gerne, eigentlich wollte ich … kennen Sie das auch? In einer professionellen Restaurantküche mitzukochen, das wäre etwas, oder in einem Leuchtturm zu wohnen! Diese geheimen Wünsche trage ich schon lange mit mir herum, habe sie aber nie umgesetzt. Nun aber ändere ich dies und reagiere spontan auf Impulse, die mir begegnen, und folge diesen, ohne lange darüber nachzudenken. Es wird Zeit für einen Perspektivenwechsel, um mein jetziges Leben neu zu betrachten oder gar auf den Kopf zu stellen. Ich suche die Lebendigkeit in der Natur und in den Menschen. Als Kennerin der nonverbalen Kommunikation sehe ich sehr schnell, in welchen Körperbereichen sich die Lebendigkeit zeigt. Deshalb werde ich in blind ausgewählten Zug- und Busfahrten Personen ansprechen und ihnen Tipps entlocken, die ihr Leben bereichern.

Liebe Leserinnen und Leser, begleiten Sie mich nun auf eine illustre Reise mit vielen inspirierenden Begegnungen, die eine Variation an bereits Erlebtem, Spontanaktionen und -gesprächen ist. Eine 96-jährige Frau erzählt über ihre Sehnsucht nach Liebe, ein Philosoph darüber, wie er die Zeit verzögert, und eine junge Frau über ihre Vision, Natur mit Sozialpädagogik zu verbinden. Sie alle haben eines gemeinsam. Sie zeigen Mut, aus stereotypen Verhaltensmustern auszusteigen, dem Mainstream Widerstand zu leisten und ihrem Bauchgefühl zu folgen. Sie erzählen uns, was ihr Leben reich macht. Und natürlich sind sie bei meinen Selbstexperimenten live dabei und unterstützen mich in meinen Entscheidungen. Mein Freund Hermann Eder, ein Psychiater, sagt dazu: »Beim Bauchgefühl ist unsere Blende ganz weit offen, es wird viel wahrgenommen, nur etwas weichgezeichnet. Wenn du dem ein Stück weit vertraust, wirst du selten enttäuscht.«

Es passiert, was passiert, völlig spontan. Ich nehme Sie jetzt mit auf diese Reise, bei der ich jetzt noch nicht weiß, was dabei herauskommt, also wundern Sie sich nicht. Sind Sie bereit? Los geht's!

Damit Sie sehen, dass ich mein Vorhaben sehr ernst nehme, greife ich gleich jetzt etwas auf, was mir im Moment begegnet: Es ist November, und ich entdecke mitten in meinem Garten eine hübsche Rose, die beschlossen hat, zu blühen, was ich, ehrlich gesagt, als sehr unvernünftig empfinde, aber ich nehme dieses kleine Winterwunder zum Anlass, ein kleines Märchen für Sie zu schreiben, das eine Metapher für unsere gemeinsame Reise ist. Alles entsteht, jetzt im Augenblick.

Viel Freude beim Lesen.

Andrea Latritsch-Karlbauer

Die mutige Rose

Es ist bereits Ende November und es ist warm. Eine kleine Rosenknospe hat sich an einem neu gepflanzten Rosenstock gebildet. Sie ist zart, rosarot und spürt die wärmende Sonne. Sie hat gelernt, dass eine vernünftige Rose um diese Jahreszeit niemals ihre Blüten öffnet wegen ein paar trügerischer Sonnenstrahlen. »November ist kein Rosenmonat«, hörte sie, als sie heranwuchs. In dieser kalten Jahreszeit zu blühen, ergibt keinen Sinn und ist mehr als unvernünftig.

Ihre Brüder- und Schwesterknospen, die sich alle gemeinsam am Nachbarstiel versammeln, wispern aufgeregt und warnen die kleine Knospe, die allein an einem Zweig lebt. »Schlaf endlich, schlaf, um diese Zeit macht man Winterschlaf, und basta! Im Frühjahr öffnen wir uns, blühen und verströmen unseren betörenden Duft gemeinsam.« Diese Aufregung kann die kleine Rose nicht verstehen, ihre Neugier ist zu groß. »Ich blühe dann, wann ich will«, sagt sie entschlossen und blinzelt vorsichtig durch ihre Blütenblätter. Behutsam öffnet sie ihre Blätter und staunt vorsichtig und neugierig in die Welt, die sich ihr erschließt, und genießt die wärmende Sonne, die ihr Näschen umschmeichelt. Stolz richtet sie sich auf und entfaltet mutig ihre Blüten, während sich ihre Geschwister ducken und vor Angst erstarren.

Schön steht sie da in ihrer Pracht und wird jeden Tag bewundert und ungläubig bestaunt. Täglich verändert sie sich, sie posiert, richtet sich auf, streckt sich der Sonne entgegen, und ihre Knospen erblühen zu voller Schönheit. Ängstlich und argwöhnisch beobachten sie ihre Geschwister und werden dabei immer starrer. Das Röslein hingegen fühlt sich wohl und bekommt viel Beachtung ob ihres Mutes und ihrer Schönheit. Sie trotzt dem Schnee, der ihr Köpfchen wie eine Pelzmütze umschmeichelt, sie widersteht der Eiseskälte, die ihr ein wächsernes Aussehen gibt. Mitten im Winter steht sie da, viele Wochen lang, wechselt die Farbe, die Gestalt und ist einzigartig in ihrer Vielfalt.

Alltagsfalle Gewohnheit

Wir sind in Gewohnheiten gefangen, die unser Leben vorhersehbar werden lassen und uns um viele Erfahrungen bringen, die auf uns warten. Entspricht unser Leben dem, was wir wirklich wollen, oder verschwindet unsere Spontaneität zugunsten eines langweiligen, von Alltagstrott und Sicherheit geprägten Lebens?

Es gibt ja durchaus lieb gewonnene und sinnvolle Gewohnheiten, wie das tägliche Aufstehen, Kämmen, Zähneputzen, Kaffeetrinken, Kuchenessen, Tatort-Schauen, mittwochs Tennis zu spielen, Sex an jedem zweiten Samstag des Monats zu haben, Schweinsbraten am Sonntag zu essen und Urlaub in Lignano im gleichen Hotel zu verbringen. All das ist wunderbar und positiv, so lange es uns Spaß macht. Die Routine gibt uns Sicherheit, lässt uns durchatmen und Dinge entspannt erledigen, weil wir sie kennen und blind beherrschen. Wenn aber die Gewohnheit zum Gesetz wird, dann dürfen wir uns nicht darüber wundern, dass unser Leben eintönig, überschaubar und überraschungsfrei wird. So wird jede Veränderung kompliziert und verursacht undefinierbare Ängste.

Diese Einstellung zum Leben führt zu einer eingeschränkten Körperhaltung, die uns den Kopf nicht mehr drehen lässt und uns den Atem nimmt. Die Körperhaltung spricht in diesem Fall eine eindeutige Sprache. Der Fußstand wird eng und wackelig, das Becken steif, die Schultern verspannt und die Oberarme kleben am Körper. Das sehe ich sehr oft in meinen Körperspracheseminaren. »Eigentlich wollte ich Musikerin werden«, sagte Gerda, eine junge Managerin aus der Tourismusbranche. Ursprünglich hatte sie Musik studiert, wechselte aber wegen der finanziellen Sicherheit ins Hotelgewerbe. Für das Spielen ihres Instrumentes hätte sie keine Zeit mehr, was sie sehr bedauere. »Ich war immer so mutig und temperamentvoll, aber davon ist nichts mehr übrig. Jede Entscheidung und Veränderung bedeutet eine große Überwindung für mich und bereitet mit schlaflose Nächte.« Während sie dies erzählt, bewegt sie sich kaum, ihre Gestik ist reduziert, und sie wirkt hilflos. Als ich sie auffordere, über ihre Leidenschaft zur Musik zu erzählen, verändert sich ihre Haltung im Moment. Sie verbreitert intuitiv ihren Stand, gestikuliert begeistert, ihre Stimme klingt melodiös, und sie strahlt. Ihr Körper erinnert sich und reagierte darauf.

Wenn wir unsere Leidenschaften nicht leben, wird unser Handlungsspielraum im Laufe der Zeit immer enger und es kostet viel Kraft und Überwindung, neue Wege zu beschreiten. Der Körper übernimmt diese Einstellung und kommuniziert dies dem Gehirn, und so werden Veränderungen der Gewohnheiten sehr oft als Bedrohung empfunden. Hermann Eder erklärt mir, dass das Ausblenden der individuellen Wünsche zu Mutlosigkeit, einer resignativen Haltung mit wenig Freiraum und zu einem »Tunnelblick« führt. »Alles außerhalb unserer scheinbar sicher gebauten Weltsicht wird zur Gefahr, deshalb richten wir uns unser Leben so ein, dass immer alles gleich abläuft. Die Konsequenz daraus ist, dass bereits die kleinste Veränderung ein Gefühlschaos auslösen kann.«

Der fehlende kritische Blick auf uns selbst führt dazu, dass wir uns im Außen eine scheinbar sichere Welt aufbauen, indem wir »perfekt« agieren und uns gegen alles und jedes versichern. Viele Menschen leben aus diesem Grund ihre Kreativität nicht aus, da dies zwar lustvoll wäre, aber auch mit Scheitern verbunden sein könnte. Wir bleiben lieber in unserer Komfortzone, um nichts zu riskieren. Wir können uns jedoch Sicherheit holen, indem wir uns unseren eigentlichen Bedürfnissen zuwenden und diese auch leben. Das allein ist unsere Entscheidung.

Man sagt, ich sei unvernünftig

Bevor wir unsere Reise beginnen, erzähle ich Ihnen ein wenig über mich. Ich bin jetzt, zum Zeitpunkt des Schreibens des Buches, 53 Jahre alt. Das öffentlich auszusprechen, ist schon mehr als unvernünftig, da in unserer Gesellschaft Alter ein ungeliebtes Thema ist. Ich hoffe, Sie schicken mich nicht gleich in Frühpension. Mittlerweile habe ich mich mit dem Älterwerden angefreundet und nehme es so, wie es ist. Warum? Das erzähle ich Ihnen später.

Aufgrund meines kurvigen Lebenslaufs bin ich ein Präzedenzfall an Unvernunft, wie man mir schon öfters bescheinigt hat, obwohl ich noch immer nicht genau weiß, was das wirklich bedeutet. Bereits in jungen Jahren entsprach ich nicht unbedingt dem Bild einer erfolgreichen und selbstbewussten Schülerin, die die Schule mit links bewältigte. In der ersten Volksschule war meine Einstellung zur Schule anscheinend vollkommen anders als die meiner Lehrerin. Ich fühlte mich sehr motiviert, saß im Unterricht, beobachtete die Fliegen und Schmetterlinge hinter den Fenstern, träumte, schwätzte mit meiner Sitznachbarin, rief, ohne aufzuzeigen, raus, wenn ich etwas zu sagen hatte, und fand das wunderbar. Nach der Verteilung des Halbjahreszeugnisses lief ich stolz nach Hause und wedelte mit dem Zeugnis vor den Gesichtern meiner Eltern herum und rief begeistert: »Ich habe lauter Einser.« Meine Eltern blickten erfreut auf die Beurteilung, und ihr Gesichtsausdruck veränderte sich in Richtung

Gewitterwolken. Quer über alle Gegenstände stand mit Handschrift geschrieben »befriedigend«. Ich verstand die Welt nicht mehr, wo doch die Frau Lehrerin immer so nett zu mir war. Meine Eltern bemühten sich, Fassung zu bewahren, und sagten: »Das wird schon, du bist ja noch so klein.« Ich wurde sehr jung, mit knapp sechs Jahren, eingeschult.

Es wurde wirklich besser, und ich entwickelte mich zu einer akzeptablen Volksschülerin. Im Gymnasium wurde es wieder bedrohlich für mich, da ich einerseits wenig Motivation hatte, dem teilweise sehr emotionslos vorgetragenen Unterricht meiner Lehrer zu folgen, und ich andererseits unter einem unerklärlichen »Anpassungssyndrom« litt, was nicht unbedingt vorteilhaft für die Benotung meiner Gesamtleistung war. Fatal war, dass ich als schlechte Schülerin auch noch die Frechheit besaß, Widerstand zu leisten, indem ich meine Meinung äußerte, wenn Lehrer meiner Ansicht nach unfair agierten. Wenn es darum ging, unhaltbare Zustände auszusprechen und Haltung zu zeigen, tat ich das völlig spontan, ohne über eventuelle Nebenwirkungen nachzudenken. Eines Tages kam unsere Englischlehrerin in die Klasse und fragte uns, ob wir mit ihrem Unterricht zufrieden seien. Schon war meine Hand in der Höhe, und die Lehrperson bat mich, aufzustehen. »Wir sind der Meinung, dass Sie die Grammatik zu wenig erklären. Wir verstehen so vieles nicht.« Die Lehrerin fragte die restliche Klasse, ob sie das auch so empfinden würde. Meine Mitschüler starrten peinlich berührt auf den Boden und schwiegen. So stand ich einsam und allein da wie ein begossener Pudel und bekam die Reaktion auf mein unpassendes Verhalten unmittelbar zu spüren. Ich musste mich in die Ecke stellen, wurde von der Lehrerin heftig kritisiert und ab dem Tag konsequent ignoriert. Das tat weh.

So quälte ich mich durch diverse Schulen, brach ab, wechselte mehrmals und brachte es letztendlich dennoch zu einem Abschluss. Oft fragte ich mich, woran es lag, dass ich so wenig Motivation hatte, obwohl ich neugierig, wissbegierig und begeisterungsfähig war. Da schien wirklich ein unbequemes aufsässiges Gen in mir zu schlummern, das dem Ungemach und der Ungerechtigkeit abschwor und Widerstand leistete. Ich fühlte mich dadurch manchmal sehr einsam und spürte, dass ich irgendwie anders war. Aber ich hatte Kampfgeist und wollte einen positiven Beitrag an die Welt leisten. So arbeitete ich bereits mit zarten 14 Jahren in meinen Ferien mit Schwerstbehinderten, wo ich nach kurzer Zeit durch rigide, für mich unmenschliche Maßnahmen im Umgang mit den beeinträchtigten Menschen enttäuscht wurde. In Krisen wurden die Betroffenen in den Keller gesteckt, bis sie sich beruhigt hatten, und ich konnte daran nichts ändern und musste dies wohl oder übel akzeptieren. Ich war ja erst 14 Jahre alt, litt und war heillos überfordert. Später versuchte ich, in der Krankenpflegeschule meine Hilfsbereitschaft in berufliche Bahnen zu lenken. Ich bewährte mich im Kontakt mit den Patienten, wurde jedoch während des Unterrichts selbst zum Anlassfall, wenn ich von den Symptomen und Auswirkungen verschiedener Krankheiten hörte. Als unsere Lehrschwester in einer Unterrichtsstunde über »Atemstörungen« wie Tachypnoe, Dyspnoe oder Apnoe erzählte, bekam ich im Moment keine Luft mehr und lag fünf Minuten später mit einem Puls von 180 im Erste-Hilfe-Raum. Wenn ich für Prüfungen lernte, entstanden reale Bilder in meinen Kopf, die sich sofort physisch äußerten. Ich war die Krankheit. Ich durchlebte alle Symptome, litt fürchterlich und landete im schlimmsten Fall auf der Station, wo ich gerade mein Praktikum absolvierte, als Patientin. Meine Hypochondrie war so beharrlich, dass ich die logische Konsequenz daraus zog. Ich brach die Schule ab. Eine sehr nette Lehrschwester sagte zu mir, dass ich sehr viel Potenzial hätte und sicher noch viel Erfolg in meinem Leben haben würde, aber Krankenschwester wäre nicht der richtige Beruf für mich. Mein Selbstbewusstsein war am Nullpunkt angelangt, ich fühlte mich überflüssig und unfähig und traute mir gar nichts mehr zu. Meine Eltern holten mich vom Internat ab und brachten mich nach Hause. Als Überraschung hatten sie ein Fest organisiert und all meine Freunde eingeladen, um das Leben zu feiern. Sie sagten: »Mach dir nichts daraus. Du wirst finden, was dir gefällt! Schau nach rechts und links, da gibt es etwas, das dich begeistern wird!«

Die Liebe und uneingeschränkt positive Lebenseinstellung meiner Eltern, unabhängig von meinen Leistungen, gaben mir Kraft und Vertrauen, und dies wurde zu meinem Lebensleitfaden. Ich ging weiter, suchte meinen Weg, wider viele gut gemeinter Ratschläge, schlug unkonventionelle Wege ein und ich fand eine berufliche Nische, die mich befriedigte. All meine unvernünftigen Entscheidungen führten dazu, dass ich bereits seit mehr als 30 Jahren davon lebe, was mich interessiert und begeistert. Ich bin Frau meines Lebens, und fast alles ist für mich vorstellbar. Unvernünftig?

Spannende Zeiten kamen auf mich zu. Nach langem Suchen nach meiner Lebensaufgabe setzte ich endlich eine Idee um, die ich schon lange mit mir herumtrug. Ich hatte ja mit etwa 18 Jahren begonnen, Bücher und Theaterstücke für Kinder zu schreiben, die ich unveröffentlicht mit mir herumtrug. Als ich den Mut hatte, einen Text für ein Autorensymposium einzureichen, wurde ich prompt eingeladen. Wir mussten Texte für Kinder zum Thema Liebe schreiben. Ich war die Jüngste bei diesem Seminar und hatte wenig Selbstvertrauen. Doch dann kam die Stunde der Wahrheit, und alle Teilnehmerinnen mussten ihre Texte, die sie an diesem Wochenende geschrieben hatten, vortragen. Nervös und mit wackeliger Stimme las ich meine Geschichte und bemerkte zu meiner großen Verwunderung das Interesse der Lektoren und anderen Teilnehmer. Ich konnte dies nicht mit mir verbinden, da mir die Erinnerungen an meine bisherige unrühmliche Schulkarriere im Weg standen. Das Feedback auf meine Geschichte, die von einem Liebesbaum handelte, war sehr positiv, und ich wurde ermuntert, weiterzumachen. Nachdem ich ein wenig Mut gefasst hatte, zeigte ich meinen Schreibkolleginnen mein Theaterstück für Kinder, das ich geschrieben und mitgenommen hatte, und wurde von ihnen bestärkt, dies doch unbedingt umzusetzen. Nach mehreren Engagements an einem Theater für Kinder in Wien wagte ich es. Mit 25 Jahren gründete ich mit meiner Freundin Sabine unser eigenes Theater namens »Nanu«, das von Anfang an vom Publikum sehr gut angenommen wurde. Innerhalb kürzester Zeit spielten wir in ganz Europa und wurden beliebte Gäste auf internationalen Theaterfestivals. Plötzlich erwies sich mein Querdenken, das in konventionellen Systemen unerwünscht war, als absolute Stärke.

Nach 16 Jahren sehr erfolgreicher Theater-, Regie- und Workshop-Tätigkeit spürte ich erneut den Wunsch nach Veränderung und studierte Internationales Kulturmanagement an der Universität für Theaterwissenschaften in Wien und absolvierte meinen Abschluss als akademische Kulturmanagerin. Danach verließ ich mein sehr erfolgreiches Theaterleben. Mit einem mulmigen Gefühl im Bauch fürchtete ich mich davor, wieder von vorne beginnen zu müssen, aber das bestätigte sich zu meiner großen Freude nicht. Ich schloss nahtlos daran an, was ich aus meiner Zeit als selbstständige Schauspielerin und Theaterleiterin gelernt hatte. Ich positionierte mich neu und lebe nun seit vielen Jahren sehr erfolgreich von meinen Seminaren, Vorträgen, Inszenierungen und dem Schreiben von Büchern und Zeitungsartikeln. Ständig bin ich aufgefordert, wach zu bleiben, um Ideen, neue Strategien und Sichtweisen zu entwickeln. Ich entwickle Konzepte, bereite mich auf bevorstehende Workshops vor und stelle mich täglich auf neue Menschen ein, mit denen ich zu tun habe. Diese Herausforderung ist spannend, manchmal auch mühsam und zäh.

Wenn ich eine spannende Idee habe und diese umsetzen kann, ist das ein echtes Erfolgserlebnis, das mich beflügelt.

Ein Beispiel für die künstlerische Umsetzung eines hoch technologischen, schwer verständlichen Themas für Laien in diesem Bereich erzähle ich in folgender Geschichte.

Peinlich oder genial?

Als ich noch im Theaterleben tätig war, wurden meine Kollegin Sabine und ich immer wieder von Firmen engagiert, um Szenen zu entwickeln, die die jeweiligen Firmeninhalte vorstellen sollten und im Rahmen eines öffentlichen Events als Auflockerung und humorvoller Part präsentiert wurden. Wir arbeiteten mit den unterschiedlichsten Themen, von denen wir keine Ahnung hatten, doch gerade deshalb war unser »schräger Blick«, wie dies von unseren Auftraggebern bezeichnet wurde, gefragt. Ich erzähle Ihnen diese Geschichte, da wir uns hier in Bereiche vorwagten, von denen wir nicht einmal einen Hauch einer Ahnung hatten, aber es reizte uns, und wir hatten Vertrauen in unsere Ideen, ohne vorher zu wissen, was dabei rauskommen würde. Unvernünftiger geht gar nicht, möchte man glauben.

Wir erhielten den Auftrag einer sehr erfolgreichen Firma, die weltweit in der Halbleiterindustrie tätig war. Zur näheren Erklärung: Ein Halbleiter ist ein Stoff zwischen Isolator und Metall und leitet Strom umso besser, je wärmer er wird. Der prominenteste Vertreter der Halbleiter ist Silizium, der Stoff, aus dem Mikrochips hergestellt werden. Ich verschone Sie lieber mit weiteren Erklärungen, ich verstehe es ja selbst nicht. Zu diesem Anlass sollte ein großes Event in einem eleganten Festzelt mit Holzboden und Kristallllustern gefeiert werden. Unser Auftrag war es, eine Szene zum Thema »Halbleiter und Fusionierung« zu entwickeln, da die Firma einen Partnerbetrieb aus Deutschland aufgekauft hatte. Ohne zu wissen, worauf wir uns da einließen, nahmen wir den Auftrag an und versuchten, einen Zugang zu diesem höchst komplizierten und für uns nicht fassbaren Thema zu erlangen. Nach langem Nachdenken hatten wir eine Idee. Wir besorgten uns eine Stehleiter, trennten sie in zwei Teile und entwickelten eine Szene mit zwei halben Leitern, die wir dann zu einer ganzen zusammenfügten, was die Fusionierung veranschaulichen sollte. Die Performance untermalte mein Musiker-Vater Herbert auf der Posaune mit schrägen Tönen. Wir hatten keine Ahnung von der Materie, handelten aus der Intuition heraus und wussten nicht, ob die Präsentation eine Blamage würde oder schlichtweg genial sei.

Dieser Auftrag bescherte uns schlaflose Nächte, und wilde Zweifel plagten uns bis zum Tag des großen Festes. Mit schlotternden Knien zeigten wir unsere Performance vor 300 Leuten. Als wir fertig waren, war es sehr still. Plötzlich standen unsere Auftraggeber und die geladenen Gäste auf und applaudierten begeistert, wir bekamen »Standing Ovations« und konnten es im ersten Moment nicht fassen. Die Entscheidung, diesen ungewöhnlichen Auftrag anzunehmen, war mehr als unvernünftig und mit einem großen Risiko verbunden gewesen, das auch scheitern hätte können. Wir betrachteten dies jedoch aus der Sichtweise unwissender, neugieriger Kinder, setzten um, was uns als logisch erschien, und es war eine Punktlandung. Die Konsequenz aus diesem Auftritt war eine langjährige Partnerschaft mit der Firma, die fortan unsere künstlerischen Produktionen als Sponsor unterstützte.

Trotz meiner sehr abwechslungsreichen beruflichen Tätigkeit bemerke ich im privaten Bereich ein paar Verhaltensstereotypen an mir, die mir gar nicht gefallen. Ich ertappe mich dabei, auf Alltagssituationen immer gleich zu reagieren, und darüber ärgere ich mich. Und wie!

Lesen Sie in der nachfolgenden Geschichte, welche Gefühlsturbulenzen mein Mann Reinhard, der beste Ehemann von allen, in mir auslöst. Es ist mir fast ein wenig peinlich.

Und täglich grüßt das Murmeltier …

»Wo ist mein Schlüssel«, fragt Reinhard und schaut in meine Richtung, während er nervös nach dem vermissten Objekt sucht. Sämtliche Kästen, Regale und Schubladen werden durchwühlt, und ich leide, jeden Morgen. Seit 35 Jahre bin ich mit dem besten Ehemann von allen (im Sinne von Ephraim Kishon) zusammen. Eine derart lange Partnerschaft hätten wir uns anfangs nicht zugetraut, da wir beide sehr freiheitsliebend sind. Obwohl unsere Beziehung meist sehr schön und abwechslungsreich ist, wird sie doch manchmal von banalen Alltagsszenarien und hereinbrechenden Krisen auf die Probe gestellt.

Unsere langjährige Ehe basiert einerseits auf einer großen Vertrautheit und Liebe, andererseits wird sie manchmal durch sich ständig wiederholende Reaktionsmuster von uns beiden empfindlich gestört. Es gibt Situationen, wo wir beide die Antwort des anderen bereits vorher wissen, eine echte Herausforderung. Obwohl ich durch meine Arbeit gelernt habe, in Krisensituationen neutral zu reagieren, muss ich Ihnen mit Scham gestehen, dass es mir in diesem Fall nicht immer gelingt. Reinhards morgendliche Schlüsselsuche, bevor er das Haus verlässt, ruft in mir eine kleine Krise hervor, und ich reagiere stets gleich, wie der Pawlowsche Hund. Ich ärgere mich, spüre nervöse Zuckungen und einen Knödel im Hals, weil er mich das jeden Tag fragt, und ich habe die Vermutung, dass irgendwo vor der Haustür ein geheimer Knopf eingebaut ist, der ihn diese Frage stellen lässt. Knapp bevor er die Tür erreicht, weiß ich, er tut es. Das Gesicht meines Mannes ebenso wie Körpersprache und Gestik werden unruhig und nervös, und es ist unvermeidlich: Er stellt *die Frage.* Ich habe es geahnt. Allein die Art seiner Fragestellung lässt alle Alarmglocken in mir läuten, und ich werde geschüttelt von Ärger und gleichzeitig Schuldbewusstsein. Nicht schon wieder. Ich antworte mit zusammengebissenen Zähnen und gepresstem Atem: »Ich weiß nicht, wo *dein* Schlüssel ist, ich habe ihn nicht.« Und schon meldet sich mein schlechtes Gewissen: Habe ich den Schlüssel doch verlegt? Ehrlich gestanden kommt das auch manchmal vor, aber nur selten. Ehrenwort. Nach kurzem hektischen Suchen findet er das vermisste Objekt in seinem Mantel, auf der Waschmaschine oder in seinem Hosensack und reagiert regelmäßig mit großer Verwunderung, null schlechtem Gewissen und einem strahlenden Lächeln: »Ah, da ist er ja«, und er verabschiedet sich, ohne sich bei mir zu entschuldigen. Sein Tag hat begonnen, ich glaube, er braucht dieses Ritual. Und ich? Ich bleibe zurück mit leichtem Groll und angespannter Miene. »Tut er das vorsätzlich, um mich zu ärgern, oder ist diese Frage bei ihm genetisch einprogrammiert?« Bei aller Liebe, es gelingt mir nicht, dafür Verständnis aufzubringen.

Das ist nur eine von vielen banalen Situationen, die den Alltag manchmal beträchtlich erschweren. Es gäbe da noch einige andere Gewohnheiten in meinem Repertoire, die mir, ehrlich gestanden, ein wenig peinlich sind.

Tod der Lebendigkeit – TV-Serien & Co

Abgesehen von meiner kreativen Seite, habe ich Gewohnheiten, für die ich mich ein wenig schäme. Ich oute mich ... ich bin ein Serienjunkie. Bereits in jungen Jahren hatte ich die Angewohnheit, mir Fernsehserien dümmsten Ausmaßes anzusehen. Als ich noch in Wien lebte, waren es Dallas und der Denver-Clan. Vom Gefühl her war es der reinste Schwachsinn, aber mich zog es magisch zum Bildschirm hin, um den Verlauf von Liebe, Hass und Intrigen zu verfolgen.

Ich tat es heimlich, und niemand wusste davon, bis zu dem Moment, als mich mein damaliger Freund und heutiger Mann dabei ertappte. Ich schämte mich schrecklich, als ich sein erstauntes Gesicht sah, er aber akzeptierte meine Seriensucht und sah sie als Marotte von mir. Ha, nun konnte ich diese Passion ungestört ausleben. Meine Rechtfertigung war, dass mein restliches Leben ohnedies sehr kreativ sei. Immer wieder fand ich neue schwachsinnige Serien, die ich in meiner Freizeit im Wechsel konsumierte. Ich musste ja mal kurz hineinschauen, um ja nicht den Faden zu verlieren. Es war so schön vertraut, fast wie ein Familienbesuch. Ich entschuldigte die Peinlichkeit mir selbst gegenüber mit Ausreden, dass ich es brauche, einfach nur dumm in den Fernseher zu starren, nichts zu denken und mich auf diese Weise zu entspannen.

Irgendwann glaubte ich mir selbst nicht mehr, und mir wurde bewusst, wie viel wertvolle Zeit ich für das Konsumieren dieser unseligen banalen Geschichten verschwendete, die mir keinen Mehrwert brachten. Ich begann, meine Gewohnheiten zu hinterfragen, und beendete diese Ära radikal, was mir, ich gestehe, nicht ganz leichtfiel. Viele Jahre später ertappte ich mich dabei, wie ich im unendlichen Netz der Social Media surfte, mich durch YouTube-Videos klickte und mich in Spielen wie Mah-Jongg und Co verlor. Das war selbst mir zu viel, und ich beschloss, meine Zeit ab nun sinnvoller zu verbringen.

Und damit stehen wir schon am Start des Selbstexperimentes. Ich sollte die Sache jedoch homöopathisch angehen, indem ich kleine Alltagsgewohnheiten verändere, um mich an die neue Situation gewöhnen zu können, und ich hoffe, Sie haben Verständnis dafür.

Ich habe eine Idee und werde diese sogleich umsetzen. Ab jetzt wird die liegende Fernsehposition durch eine aktive gesunde Aktivität ersetzt. Lieber Couch-Potato, erheben Sie sich von Ihrem Sofa, packen Sie die Badehose ein, das Schwimmbad wartet. Folgen Sie mir unauffällig, es geht los.

Schwimmen, statt surfen

Bevor ich mich sportlich betätige, muss ich noch etwas loswerden.

Ich habe mich altersmäßig bereits geoutet, so kann ich jetzt ganz offen sprechen.

Es ist etwas sehr Intimes, worüber man ja nicht so gerne öffentlich spricht. Seit etwa zwei Jahren bin ich einer massiven Veränderung unterworfen und werde ungefragt in den unmöglichsten Situationen mit heißen Wellen versorgt, die mich nicht mehr frieren lassen. Im Winter ist das gar nicht so schlecht, aber im Sommer – fragen Sie nicht!

Glücklicherweise sieht man mir diese Hitzeausbrüche nicht an, ich bekomme kein rotes Gesicht, es ist nur innerlich. Daran habe ich mich mittlerweile gewöhnt, aber die sonstigen Veränderungen kommen absolut unerwünscht, und die will ich so nicht akzeptieren. Dafür bin ich doch zu eitel. Bis vor Kurzem waren Gewichtszunahmen kein sonderliches Problem für mich, das Übliche eben, ein paar Kilos auf und ab, und dies an Stellen, die mich nicht überraschten. Ein bisschen Bewegung, viel Arbeit, und schon war ich die paar Kilos wieder los. Aber jetzt! Alles ist anders. Da lobe ich mir die Gewohnheit, dass ich mich bis jetzt auf meinen Körper verlassen konnte. Nun aber beginnt er ungefragt, neue Formen mit wunderlichsten Variationen zu bilden, die ich so nicht kenne. Fettpölsterchen bilden sich an unmöglichsten Stellen, nein, nicht am Bauch vorne, sondern seitlich, ähnlich einem Bierglas. Nein, damit kann ich mich nicht anfreunden, das will ich nicht. Ich arbeite in meinen Seminaren mit dem Körper, und so kommen mir diese Veränderungen mehr als ungelegen. Alle Versuche, die unerwünschten Fettpölster loszuwerden, scheiterten bis jetzt. Ich habe mich sogar zu einer Diät mit grässlichen Mohnriegeln überreden lassen, aber außer Mohn zwischen den Zähnen und einer Verstopfung war nichts zu bemerken.

Doch nun ändere ich dies, wie ich es Ihnen versprochen habe. Das Schwimmen wird mir guttun, und mein Experiment mit etwas Gesundem zu verbinden, kann ja nun wirklich nicht schaden.

Sofort setze ich mein Vorhaben in die Tat um und kaufe mir eine Halbjahreskarte für eine Urtherme. Sie sehen, ich meine es ernst. Das Warmbad wurde vor mehr als 100 Jahren direkt über einer Heilquelle erbaut. Ich ersetze nun das Surfen in den Untiefen des Internets durch reales Schwimmen. Das muss doch helfen. Mit oranger Badehaube und Schwimmbrille steige ich sportlich-elegant in das Becken und sehe sicherheitshalber nicht in den Spiegel. Motiviert kraule ich los, Kopf unter, Kopf über dem Wasser. Nach ein paar Tempi geht mir die Luft aus, und ich schwimme etwas moderater, Bahn für Bahn. Es ist herrlich, und ich fühle mich so lebendig, wenn ich untertauche und über den Natursteinen dahinschwebe. Ich tauche ab in eine andere Realität, die alles relativiert, und betrachte die Gasbläschen, die sich durch die Steine ihren Weg in das Becken bahnen. Das Wasser erneuert sich alle drei Stunden, und so schwimme ich ganz bewusst. Seitdem ich weiß, wie gesund und frisch das Quellwasser ist, fühle ich mich gleich doppelt lebendig, dass ich sogar unter Wasser Luftsprünge machen könnte.

Ich bin wie neu, herrlich! Wie geht's Ihnen? Ab jetzt nehme ich mir vor, zwei- bis dreimal pro Woche zu schwimmen. Sie sind meine Zeugen für diesen Entschluss. Übrigens hat es mir der beste Ehemann von allen gleichgetan. Auch er hat sich eine Schwimmkarte gekauft, und so wechseln wir die Perspektiven, gemeinsam. Rendezvous in der Urtherme, ob das die Beziehung belebt? Schauen wir mal.

Unvernünftig, aber unvergesslich

Als wir das Schwimmbad verlassen, fällt mir eine Geschichte aus meiner Jugend ein, die im Kurhotel, das direkt an das Bad angeschlossen ist, passierte. Diese möchte ich Ihnen nicht vorenthalten.

Ich war 17 Jahre alt und besuchte mit meinem damaligen Freund einen Ball, der in den prunkvollen Räumlichkeiten, des Kurhotels stattfand. Alle Säle waren für die Ballbesucher geöffnet bis hin zur Urtherme. In meinem hübschen schwarzen Ballkleid schlenderte ich mit meinem Freund Kurti verliebt durch die festlich geschmückten Räumlichkeiten und wir betraten das Schwimmbad. Während ich mich mit ihm unterhielt, ging ich zu den Treppen, die direkt ins Wasser führten. Mit dem Sektglas in der Hand stieg ich Stufe für Stufe abwärts bis zum Wasser, unterhielt mich gleichzeitig mit ihm, schlürfte den Sekt und folgte meinem Impuls, weiterzugehen, während mein Freund immer bleicher wurde und erstarrte. Schritt für Schritt, ohne nachzudenken, stieg ich abwärts, bis mir das Wasser bis zum Hals stand, und nur noch mein Kopf zu sehen war. Der Rest meines Körpers war unter der Wasseroberfläche verschwunden. Meinem völlig entgeisterten Freund fiel das Sektglas aus der Hand, und er forderte mich auf, sofort herauszukommen. Vernünftig folgte ich seiner Anweisung und stieg langsam und klitschnass aus dem Becken. Der Ballabend war damit beendet, und wir fuhren mit dem Taxi, das mein Begleiter in Sekundenschnelle geordert hatte, nach Hause. Ich muss noch heute lachen, wenn ich daran denke.

Erst vor Kurzem packte der Gitarrist von Ludwig Hirsch, Johnny Bertl, in einem Radiointerview auf Ö1 perfekt in Worte, was mich damals wohl automatisch bewogen hatte, zur unvernünftigen Tat zu schreiten: »Bitte würzen Sie Ihr Leben mit ein paar Unvernünftigkeiten. Das führt dazu, dass Sie noch einige Jahre später etwas zu schmunzeln haben.«

Lächeln macht gute Laune

Bevor Sie weiterlesen, starten wir mit einem kleinen Selbstversuch. Ziehen Sie bitte Ihre Mundwinkel hoch und lesen Sie dann weiter.

Es gibt Erkenntnisse aus der Gelotologie, der Lachforschung, die bestätigen, dass ein ernstes, mürrisches Gesicht weitaus mehr Energie verschlingt als ein fröhliches. Natürlich ist es vollkommen klar, dass unser Leben nicht immer Gründe zum Lachen bietet, doch es gibt viele kostenlose unvorhergesehene Gelegenheiten, die uns zum Lächeln, Kichern oder Lachen bringen. Interessant ist jedoch, dass sich viele Menschen während der herrlichen Frischluftzufuhr, die während des Lachens entsteht und unseren Körper durchblutet, den Mund zuhalten. Warum? Ist es unseriös, zu lachen? In meiner Tätigkeit als Trainerin für Haltung, Humor und authentische Kommunikation werde ich immer wieder beauftragt, Humorseminare in Firmen zu halten, da ja das Lachen wohlweislich die Lebenskraft fördert und gesund ist. Umso amüsanter ist es, zu erkennen, wie sehr sich manche Teilnehmer bemühen, bei diesem »unsinnigen« Seminar, zu dem sie aus für sie unerklärlichen Gründen verdonnert wurden, nur ja nicht zu lachen und eine besonders grimmige Miene zu zeigen. Sie nehmen sich vor, seriös zu bleiben und auf diesen Blödsinn nicht einzusteigen. Wenn diese Menschen sich selbst dabei beobachten könnten, wie viel Energie sie dafür verwenden, die Fassung zu bewahren, dann hätten sie den besten »Witzfilm«. Da ich diese Reaktionen ja zur Genüge kenne, nehme ich die Leute in meinen Seminaren so an, wie sie sind, thematisiere die Ablehnung nicht und behandle sie so wie jeden anderen in meiner Gruppe, indem ich gelassen und locker bleibe. Die Reaktionen, die in kürzester Zeit erfolgen, sind eine echte Belohnung, und dies zeigt, dass sich Lockerheit im Moment auf das Gegenüber überträgt.

Im Wettbewerb schlägt die Lockerheit die Anspannung um Längen. Wie gut dies funktioniert, kann ich Ihnen aus meiner einschlägigen Erfahrung berichten, da ich vor Jahren einen Auftrag vom Finanzministerium bekam, in zehn Finanzämtern Workshops zum Thema »Humor als Lebenskraft« im Rahmen der betrieblichen Gesundheitsförderung zu halten. Ich kann Ihnen versichern, dass es nicht nur mir Spaß gemacht hat, da waren echte Humorkanonen dabei. Bei einem meiner Seminare saß in der ersten Reihe ein korpulenter bärtiger Mann, der offensichtlich beschlossen hatte, nicht zu lachen. Ich ließ mich davon nicht beirren und fuhr mit meinen Aktivierungsübungen fort. Alle Teilnehmer waren begeistert dabei, bis auf den Herrn in der ersten Reihe, der sich beharrlich weigerte, mitzumachen. Als ich die verschiedenen Humorarten erklärte, fragte ich den Finanzbeamten, was ihn zum Lachen bringe. Im Moment löste er seine verschränkten Arme, kraulte seinen Bart und erzählte, dass er den englischen Humor liebe. Während er die Szene »Ministry of Silly Walks« der Monty Pythons schilderte, lachte er, klopfte sich auf die Oberschenkel und ließ einen tiefen Lachbrüller los. Dieser unerwartete Lachanfall übertrug sich auf die restlichen Teilnehmer, und die Stimmung war ab dem Moment unschlagbar fröhlich. Am Ende des Seminars kam der Finanzbeamte als Erster zu mir, um sich ein signiertes Buch zu kaufen. Meine Conclusio aus dieser Workshop-Serie ist, dass Finanzbeamte durchaus sehr humorvolle Persönlichkeiten sind.

Das Sprichwort »Humor ist ansteckend und Lachen ist infektiös« bestätigt die positive Wirkung des Lachens auf das Wohlgefühl und die Gesundheit des Menschen. Wenn Sie lachen, können Sie nicht denken – und das ist gut so. Ich habe vor Kurzem ein Video gesehen, wo in einer Gesprächssituation den Interviewpartnern überraschend gesagt wurde, wie schön sie seien. Alle, ohne Ausnahme, begannen nach dieser Aussage zu lächeln, verschämt zu lachen und zu strahlen. In diesem Augenblick sahen sie um Jahre jünger aus.

Lachen macht lebendig, warum tun wir es dann so selten? Wie oft haben Sie heute schon gelacht? Gibt es ein Defizit, dann holen Sie das schnell nach. In China und Indien treffen sich Menschen aller Altersgruppen am Morgen im Park, um Lachyoga zu praktizieren und gemeinsam zu lachen, als Gesundheitsvorsorge. Danach gehen sie ihrer Arbeit oder ihrer sonstigen täglichen Beschäftigung nach, gut gelaunt, bestens durchblutet und vorbereitet für den Tag.

Sind Ihre Mundwinkel noch oben? Sie haben mit dieser kleinen Übung bereits wertvolle Informationen an Ihr Gehirn gesendet und werden mit einem kleinen Glückscocktail belohnt. Das funktioniert wunderbar, nur tun sollten Sie es.

An dieser Stelle möchte ich Ihnen eine kleine Übung zum Lachatem geben:

Schnuppern Sie wie beim Riechen an einer duftenden Blume und rufen Sie dabei diese Vorstellung wach. Beim Einatmen ziehen Sie die Luft in kurzen schlagartigen Zügen ungefähr sechsmal durch die Nase ein. Beim Ausatmen stoßen Sie die Luft in kurzen kräftigen Schlägen mit den Lauten »pu-pu-pu« aus. Dann wiederholen Sie dasselbe mit den Konsonanten »ps-ps-ps«.

Atmen Sie tief durch die Nase ein und stoßen Sie dann die Luft kräftig durch den Mund aus mit den Lauten »ha-ha-ha, he-he-he, hi-hi-hi, ho-ho-ho, hu-hu-hu«. Bei jedem Laut ziehen Sie den Bauch fest nach innen und lassen ihn dann wieder los.

Diese Übungen stärken das Zwerchfell, aktivieren den Atem und machen munter.

Wussten Sie, dass eine Minute Lachen vierzig Minuten Entspannungstraining ersetzt? Gerade in Krisenzeiten ist der Humor unverzichtbar. Lachen im täglichen Leben wie auch innerhalb einer Unternehmenskultur wirkt Wunder hinsichtlich der Gesundheit, dem Gruppengefühl und der Motivation. Spaß im täglichen Leben bringt den Menschen mehr Energie, Kreativität und Gesundheit. Lachen ist der größte Stressfeind.

Übrigens hat das Lachen erstaunliche gesundheitliche Nebenwirkungen:

- Die Organe werden durchblutet.
- Kräftiges Ausatmen entlastet ein bedrücktes Gemüt.
- Das Blut kreist rascher.
- Die Gefäße erweitern sich.
- Die Ausscheidung wird angeregt.
- Giftstoffe werden beschleunigt ausgeschieden.
- Die Entschlackung des Körpers wird gefördert.
- Die weißen Blutkörperchen vermehren sich.
- Tinnitus wird verringert.
- Der Blutdruck stabilisiert sich.
- Die Blutzuckerwerte stabilisieren sich.
- Schmerzen nehmen ab.
- Es ist ein Stresskiller.
- Die Immunabwehr wird stimuliert.
- Endorphine werden freigesetzt.
- Cholesterin wird ausgeschieden.

3 Fragen zur Unvernunft, die Sie weiterbringen

Ich habe Ihnen bereits erzählt, dass ich viele Leute aller Altersgruppen befragte, um zu erfahren, was Unvernunft bedeutet. Damit ich zu einem umfassenderen Ergebnis komme, darf ich auch Ihnen diese Fragen stellen und ich bitte Sie, im Laufe der bevorstehenden Lesereise darüber nachzudenken. Das Ergebnis dürfen Sie mir gerne per E-Mail, das Sie am Ende des Buches finden, berichten. Darüber freue ich mich.

1. Frage: Was bedeutet für Sie Unvernunft? (Zur näheren Erläuterung: Was müssten Sie tun, damit Sie es als Unvernunft empfinden? Oder haben Sie schon was Unvernünftiges getan?)

2. Frage: Wobei oder wann fühlen Sie sich besonders lebendig?

3. Frage: Welche Rolle spielt die Gewohnheit in Ihrem Leben? Was verbinden Sie damit?

Die Interviews mit unzähligen Menschen, die hier auch portraitiert werden, zeigen, dass die Befragten Unvernunft vollkommen unterschiedlich interpretieren, wie Sie noch lesen werden.

Bei der Frage nach der Lebendigkeit war sich der Großteil der Interviewpartner einig. Mit Begeisterung erzählen sie von Wanderungen, von Momenten, wo morgendliche Sonnenstrahlen eine Waldlichtung erhellen oder das Baden im eiskalten Fluss ihre Lebensgeister weckt. Das Treffen mit

Freunden, ein gutes Essen, ein schöner Sonnenuntergang am Meer, das Ausleben von Leidenschaft und Sex, über die eigenen Grenzen gehen, das sind die klaren und spontanen Antworten. Niemand spricht über Erfolg, Geld oder Macht, wobei auch dagegen nichts einzuwenden ist, sofern man das eigene Leben dabei nicht vergisst.

Spannend ist, dass die Befragten in dem Moment, wo sie über ihre Leidenschaften sprechen, in Ausdruck und Körpersprache mehr als lebendig agieren. Unser Körper erinnert sich genau an diese Situation, reagiert im Augenblick und kommuniziert dies unserem Geist. Sie fühlen sich während des Erzählens genauso, wie Sie sich damals gefühlt haben, *lebendig.*

Genauso funktioniert es umgekehrt, wenn Sie ständig über Misserfolge nachdenken, Ihre Krisen thematisieren oder an unglücklichen Erlebnissen festhalten. Sie holen sich dieses Gefühl zurück, der Körper erkennt es wieder, kommuniziert es dem Gehirn und der Psyche, während Sie darüber sprechen, und Sie reagieren mit entsprechendem Unbehagen.

Die Antworten zur Gewohnheit unterscheiden sich nach Altersgruppen. Je jünger die Befragten sind, umso langweiliger empfinden sie die Gewohnheit. Je älter die Menschen sind, umso mehr schätzen sie den Rahmen der Sicherheit, den sie bietet. Viele empfinden unterstützende Rituale hilfreich, andere wiederum als hemmend. Mehr darüber lesen Sie im Anhang, wo die Antworten nach Geschlecht und Alter wiedergegeben werden.

Die Entscheidung, wie Sie sich im Leben positionieren, treffen Sie selbst!

Während ich diese Zeilen schreibe, läuft mir Julia über den Weg, eine junge Frau von 31 Jahren, die ich schon als Kind kannte. Julia kämpft trotz vieler Widrigkeiten dafür, ihren Weg zu gehen, ungeachtet der kopfschüttelnden Meinungen von außen. Gewohnheit hat in ihrem Leben wenig Platz. Da nichts zufällig passiert, frage ich sie, ob sie daran Interesse hat, ihre ungewöhnliche Geschichte zu erzählen, und sie erklärt sich gerne dazu bereit.

Julia und 120 Kühe

»Mich macht lebendig, wenn ich mit den Gummistiefeln in den Dreck springe oder barfuß am Feld stehe, die Erde spüre, mein eigenes Gemüse anbaue, meine Tiere im Stall stehen, und ich bereits von den Geräuschen der Tiere am Morgen aufgeweckt werde. Wenn die Kuh schnaubt und mich mit ihren großen Augen ansieht und mir gleichzeitig, wie selbstverständlich, die Milch gibt, das ist einfach ein Wahnsinnsgefühl.« (Julia, 31 Jahre alt)

Julia ist in einem sehr wohlhabenden Haus aufgewachsen, wünschte sich jedoch viel lieber auf einem Bauernhof, statt in einem noblen Haus mit schicken Möbeln zu leben. Bereits in der Schule hatte sie große Schwierigkeiten mit der Autorität der Lehrer. Sie spielte sich in den Gegenständen, wo authentische Pädagogen mit Freude und Engagement unterrichteten. In den anderen Fächern, in denen es darum ging, sich verbiegen zu müssen und gegen das eigene Gefühl zu arbeiten, regte sich ein großer Widerstand in ihr. Vor allem stellte sie sich immer wieder die Frage, warum sie etwas machen müsste, was ihrer Ansicht nach unwichtig war. Im Bezug auf ihre Mitschülerinnen fühlte sie sich während der Pubertät als Außenseiterin, da sie wenig daran interessiert war, auszugehen, sich sinnlos zu betrinken und dafür Geld auszugeben. Sie spielte eine Zeit lang mit, fühlte sich dabei aber unwohl und folgte dann ihrem Ursprungsgefühl und blieb immer öfter zu Hause. Sie sagte sich: »Das ist nicht meines, das musst du nicht machen. Ich genieße gern mal ein Glas Wein, aber nicht in dem Überfluss.« Sie verabschiedete sehr bald viele Menschen aus ihrem Bekanntenkreis, da dies nicht ihre Vorstellung vom Leben war. So fiel es ihr leichter, bei sich zu bleiben und ihren eigenen Weg zu gehen, was ihrer Ansicht nach eine gute Entscheidung war. Julia sagt: »Menschen sind wie Spiegel, und man muss gut auswählen, in welchen Spiegel man schauen möchte.«

Ich stelle Julia die Frage, was sie in ihrem Leben leitet und wonach sie sucht.

Julia antwortet: »Mich leitet mein Herz und mein wacher Geist. Es ist eine Suche nach dem Vollständigsein. Ich bin ein sehr feinfühliger Mensch. Wenn ich merke, dass etwas in mir unrund ist, dann höre ich in mich hinein, woran das liegt. Ich suche das Rundsein in mir, diesbezüglich gibt es keinen Mainstream. Es gibt keinen Schuh, der jedem passt. In Wirklichkeit ist jeder Fuß, jeder Mensch, jeder Geist, jedes Empfinden und jedes Gefühl anders. Wir neigen dazu, alles in Schachteln zu verpacken, um uns Sicherheit zu verschaffen. Ich glaube aber, es macht nur Sinn, solange wir wissen, wer wir sind und was uns ausmacht.

Mein Impuls, meinen Weg zu gehen, ist, das Leben in vollen Zügen zu erfahren, mich selbst zu spüren und mich in meiner Mitte zu finden. Ich bin dabei, meine Lebensaufgabe zu finden, und will einfach sein dürfen, wie ich bin.«

»Was ist deine Lebensaufgabe?«, frage ich nach.

»In den letzten Jahren habe ich einzelne Puzzleteile zusammengesammelt und im Moment stehe ich wieder an einem Punkt, wo ich das Gefühl habe, dieses Puzzle wird immer vollkommener. Ich bin Lebens- und Sozialberaterin und Sozialpädagogin und ich war auf Almen als Sennerin unterwegs und habe dort in der Alm- und Landwirtschaft, mit der Natur und Tieren viel Erfahrung gesammelt. Mein Wunsch ist es, direkt mit der Natur zu arbeiten, da ich davon überzeugt bin, dass wir Menschen nicht in die Natur gehen, sondern dass wir Natur sind und uns wieder mehr in Einklang damit bringen sollten. Ich möchte die Arbeit in der Natur mit Menschen verbinden und prozessbegleitend arbeiten.«

Julia erzählt, dass sie ihre erste unvernünftige Entscheidung getroffen hat, als sie in der Schweiz auf einer Alm mitgearbeitet hat. Sie war gerade in der Schweiz unterwegs und interessierte sich für die Almwirtschaft. Ein Hirte war überraschend ausgefallen, und es wurde nach Ersatz gesucht. Ein Bauer fragte Julia, ob sie allein auf die Alm gehen möchte. Sie sah ihn mit großen Augen an und antwortete, dass sie keine Ahnung von Kühen hätte. Der Bauer war jedoch überzeugt von der jungen Frau und bot sich an, ihr alles zu zeigen. Sie stimmte zögerlich zu und zog bereits am nächsten Tag auf die Alm auf 2000 Meter Höhe und behütete 120 Kühe, ohne dies je vorher gemacht zu haben. Ein Freund folgte Julia und unterstützte sie. Sie erzählt, dass dies eine ihrer intensivsten Erfahrungen war, die sie bis dahin gemacht hatte. Sie empfindet das aus heutiger Sicht als absolut unvernünftig und gleichzeitig als sehr vernünftig, da sie diese Erfahrung nicht missen möchte. Dieses ungeplante Erlebnis inspirierte sie so, dass sie beschloss, weiterzumachen und auf einer anderen Alm zu arbeiten. Sie war Teil eines Teams, arbeitete mit, wo sie gebraucht wurde, lernte viel über Milchverarbeitung, das Käsen und die Viehhaltung. Im Laufe des Sommers erfuhr sie, dass die Nachbarsalm mit Gastronomie, Käserei und Viehherde zu pachten wäre. Der damalige Hirte, mit dem sie mitgearbeitet hatte, ermunterte sie und sagte zu ihr: »Julia, eini in Sterz!« (»Julia, trau dich!«) So entschied sie sich spontan und übernahm die Nachbarsalm. »So bin ich zu meiner ersten Gastronomie mit eigener Käserei gekommen und habe einen ganzen Sommer lang mit einer guten Freundin den Laden geschupft.«

Nach diesem Sommer schloss Julia ihre Ausbildung als Sozialpädagogin ab. Da sie keinen Job und ihre Grazer Wohnung aufgegeben hatte, tingelte sie nach Deutschland und Dänemark und arbeitete bei Bauern auf Kost und Logis, um den Winter über die Runden zu bringen. Im Frühjahr ging sie erneut auf eine Alm und im Jahr darauf übernahm sie eine eigene Jausenstation oberhalb des Ossiacher Sees, wo sie zusätzlich Kulturveranstaltungen, Lesungen und Konzerte organisierte. Dies war ein weiterer Puzzleteil in ihrem Lebenslauf, der sie ihrem eigentlichen Ziel näher brachte.

Mit Anfang zwanzig verliebte sich Julia das erste Mal in eine Frau, was ihr bis dahin vollkommen unbekannt und fremd war. Für sie machte es jedoch keinen Unterschied, ob sie einen Mann oder eine Frau liebte, die Bezeichnungen lesbisch oder bisexuell bedeuteten ihr nichts. Im Moment lebt sie in einer Beziehung mit einer Frau, schließt aber nicht aus, dass sie sich wieder mal in einen Mann verlieben könnte. Für Julia kennt die Liebe keine geschlechterspezifischen Grenzen.

Auf meine Frage, wie das im Jahr 2016 für sie ist, mit einer Frau zu leben, antwortet sie: »Es kommt darauf an, in welchen Gesellschaftskreisen man sich bewegt. Es ist nicht immer leicht, dazu zu stehen, auch wenn man das für sich als richtig erkennt. Manche Menschen geben einem das Gefühl, nicht richtig zu sein. Da gibt es viele Wertebeurteilungen. Ich höre sehr oft von anderen, dass ich unvernünftig bin, da ich eine Beziehung zu einer Partnerin, einer Bergbäuerin, führe, die Mutter von vier Kindern ist und in Scheidung lebt. Ich stelle mir tagtäglich die Frage, ob ich unvernünftig bin, diese Beziehung zu leben, und ich kann nur sagen, in dem Moment, in dem ich meiner Partnerin in die Augen sehe, spüre ich nichts von Unvernunft und empfinde unsere Liebe als vollkommen richtig.

Wenn ich auf mein bisheriges Leben zurückblicke, sehe ich ganz viel Wertvolles und ich verstehe vieles, was mir widerfahren ist. Es werden mir wieder neue Aufgaben begegnen, bei denen ich im Moment nicht verstehen werde, warum ich mich darauf einlasse, aber ich bin ein Mensch, der offen für Neues ist. Ich bin ein leeres Blatt, das beschrieben werden will.«

»Wo willst du hin, was ist dein Ziel?«, frage ich sie.

»Mein Traum, den ich verwirklichen möchte, wäre eine kleine Landwirtschaft gemeinsam mit meiner Partnerin. Da kann ich in der Früh aufstehen, in den Stall gehen, meine Kühe melken, zu Mittag bin ich fertig und mache dann meine Beratungen und nehme mir Zeit, ein Buch zu schreiben. Ich möchte Menschen begleiten, Seminare halten, und das alles auf meinem Bauernhof. Das werde ich auf jeden Fall erreichen.«

Nach diesem beeindruckenden Gespräch mit Julia gehe ich mit meinem Hund Pino entlang des Seebaches spazieren. Am Weg entdecke ich ein wunderschönes Spinnennetz, dessen zarte Fäden sich zwischen den Zweigen eines Busches malerisch eingeflochten haben. Der Sonneneinfall lässt die silbernen Fäden erstrahlen, und ich staune, ohne zu bemerken, dass sie aus meinem Sichtfeld verschwinden. So sehr ich mich bemühe, muss ich doch erkennen, dass die Fäden für mich unsichtbar geworden sind.

Nun ist es aber an der Zeit, meinen beruflichen Verpflichtungen nachzugehen. Es geht nach Bad Bleiberg, wo ich einen Vortrag halten werde.

Zwei lebende Karikaturen in einer Hotellobby

Heute bin ich beruflich in einem Hotel, wo ich im Rahmen eines Gesundheitstages einen Vortrag zu meinem Buch »*Wer geht, gewinnt*« halte. Es finden mehrere Vorträge statt, und der Hoteldirektor Horst Fallosch, mit dem ich befreundet bin, empfängt mich herzlich und möchte mich unbedingt jemandem vorstellen. Er erzählte mir bereits vor Monaten von einem sehr guten Freund aus Holland, der im Hotel mehrere Wochen pro Jahr Tai-Chi unterrichtet. Horst ist davon überzeugt, dass wir uns kennenlernen sollten, da es auf beruflicher Seite bestimmt einige interessante Berührungspunkte gibt.

Neugierig begleite ich ihn in die Hotelbar, wo der niederländische Großmeister in Wu Shu, Kierty Verbooy, auf uns wartet. Der Hoteldirektor stellt uns vor und lässt uns dann allein. Sofort vertiefen wir uns in ein Gespräch, tauschen unser Körperwissen aus und erkennen viele Parallelen in unserer Arbeit. Kierty lebt in Holland, ist Halbinder und besitzt fünf schwarze Gürtel. Was mich ab dem ersten Moment der Begegnung begeistert, sind Kiertys Körperwissen und seine lebendige und fröhliche Kommunikation. Im Gespräch realisieren wir, dass unsere Erfahrungen bezüglich Haltung und dem Zusammenhang zur Lebenseinstellung und Handlungsweise der Menschen übereinstimmen, obwohl wir beide aus gänzlich anderen Kulturen kommen.

Er wurde im Alter von 4 bis 14 Jahren von westlichen Lehrern in japanischer Kampfkunst unterrichtet. Ab dem 14.

bis zum 24. Lebensjahr wurde er von chinesischen Kampfkunstmönchen gelehrt. Danach erhielt er bis zum Alter von 27 Jahren Unterricht von einem indonesischen Kampfkunstmeister.

Meine Arbeitsmethode, das AnLaKa-Training, ist eine sehr körperorientierte Methode, die ich aufgrund meiner Ausbildungen zur Pantomimin, im Bereich des Clowntheaters und des Bewegungstheaters entwickelt habe. Sie stellt den Zusammenhang zwischen individueller Körperhaltung, der Fußstellung, des Atems, der Stimme und der Lebenseinstellung der Menschen her und basiert auf den Füßen als Fundament, das uns sicher werden lässt.

Auch die Kampfkunst geht immer von der körperlichen Mitte aus, die die Basis für eine ausgeglichene Persönlichkeit ist.

Das AnLaKa-Training setzt sich aus folgenden Werkzeugen zusammen: *An-* steht für Analyse, das heißt, ich mache bei meinen Teilnehmerinnen eine Ganganalyse, die die momentane Einstellung der Menschen zum Leben sichtbar macht. *La-* steht für Lachen, das entsteht, wenn ich *Ka-* machen, das ist die Karikatur. Mit der Haltungskarikatur zeige ich den Menschen, wie sie sich bewegen und gehen, indem ich ihre Bewegungen nachahme. Meist lachen sie darüber, und somit ist der erste Schritt getan, um Spannungen loszulassen.

Im Gespräch zeige ich Kierty ein paar der Haltungstypen aus meiner »Hitparade der Alltagshaltungen«, die ich aufgrund meiner Beobachtungen entwickelt habe. Das sind Haltungs- und Gangtypen, die man im täglichen Leben sehr oft sieht, wie den »trainierten Einkaufswagenschieber«, den »Skispringer knapp vor dem Absprung«, den »Schiefkopf-Entschuldigungstyp« oder den »fußaktiven Oberkörperbremser«. (Die Hitparade der Alltagshaltungen aus dem Buch »Haltung fertig los« finden Sie in einem Video auf YouTube.)

Während ich meinem Gesprächspartner die Karikaturen in der Hotelbar vorführe, passiert etwas, womit ich gar nicht gerechnet habe. Kierty steht wie selbstverständlich auf und stolziert neben mir als trainierter Einkaufswagenschieber durch die Hotellobby, ungeachtet der Gäste, die uns skeptisch beobachten. Oliver Hardy (der dicke Part des Duos »Dick und Doof«) liebte bereits als Achtjähriger das Imitieren von Menschen. Während seine Mutter in ihrem Hotel beschäftigt war, saß der kleine Oliver in der Hotellobby und beobachtete die Gäste, wie sie sich bewegten. Danach ahmte er ihre typischen Haltungen nach und nannte dies »Lobby-Watching«. Bis jetzt war ich immer auf der Suche nach einem Kotrainer, der mit mir in diesem speziellen Arbeitsstil arbeiten könnte, da dies eine sehr effiziente Methode ist. Jetzt ist er da. Ich habe ein männliches Pendant für meine Körperdarstellung gefunden. Damit habe ich gar nicht gerechnet. Völlig ungeplant wird die Hotelbar zur Bühne, und wir beide demonstrieren unsere weiblichen und männlichen Karikaturen zur Erheiterung der Hotelgäste. Ich bin mir nicht ganz sicher, ob unsere Aktion sehr vernünftig ist, aber es ist uns egal. Wir denken nicht darüber nach und genießen unseren Showact. Nach unserer Karikaturenperformance besprechen wir die Auswirkungen der jeweiligen Haltungen auf die Persönlichkeiten und deren Handlungsweisen. Unsere Erfahrungen und Beobachtungen gehen konform und bestätigen die Tatsache, dass unsere Haltung im ständigen Austausch mit dem Gehirn ist und uns permanent beeinflusst, positiv wie negativ. Die Zeit verfliegt so schnell, dass ich beinahe meinen eigenen Vortrag versäume. Diese Begegnung ist ein Glücksfall und ruft nach Fortsetzung und Kooperation. Wie es der Zufall so will, steht die nächste Begegnung unmittelbar bevor, da Kierty bald wieder nach Kärnten ins Falkensteiner Hotel kommt. Ich leite zur gleichen Zeit am selben Ort ein Körperspracheseminar. Das ist ja wunderbar.

Das Wissen um die eigene Haltung und Körpersprache ist ein spannendes, unerschöpfliches Thema, das immer wieder neue Erkenntnisse, Leichtigkeit und eine positive Einstellung in unser Leben bringt. Wir erhalten die Chance, selbstbestimmt zu handeln und zu entscheiden, wenn wir die Mittel, die uns zur Verfügung stehen, ganz bewusst nutzen. Hier tritt die Wechselwirkung zwischen Körper und Psyche in Kraft.

Kierty sagt, dass die Lebendigkeit vor allem in der Hüfte sichtbar wird. Im Bereich des Dantien, dem Energiezentrum, drei Fingerbreit unter dem Nabel, kommt die Energie rein und verteilt sich dann über den ganzen Körper. Je lockerer wir in der Hüfte sind, desto lebendiger fühlen wir uns und strahlen dies auch aus. Das kann ich nur bestätigen. Die Freiheit im Becken hat viel mit Vertrauen zu tun. Menschen, die in diesem Bereich blockiert sind, sind meist sehr kontrolliert und lachen wenig. Interessanterweise bewegen Menschen in der südlichen Hemisphäre ihre Hüfte viel natürlicher als im Westen. In Brasilien nennt man das »Jogo de Cintura«, den Hüftschwung, mit dem sich das Leben besser meistern lässt. Einfaches Beckenkreisen oder -schaukeln löst Spannungen im Gesicht, und wir lächeln wie von selbst.

Sie können dies einfach ändern, indem Sie bewusst Übungen in Ihren Alltag einbauen. Danach fühlen Sie sich frei, der Atem fließt, Ihre Stimme klingt nuancenreicher, und der Sprachrhythmus wird um vieles lebendiger. Spannend daran ist, dass die Augen zu strahlen beginnen, wenn die Beckenblockade gelöst wird. Sie fühlen sich befreit und heiter.

Probieren Sie folgende kleine Übung mit rhythmischer Musik aus. Schütteln Sie Ihr Becken durch und kreisen Sie. Wechseln Sie die Richtungen. Dann schaukeln Sie mit der Hüfte von links nach rechts und umgekehrt. Atmen nicht vergessen! Sie werden belohnt mit einem herrlichen Wohlgefühl und einer großen Lebendigkeit. Viel Spaß dabei!

Herrliche Zufälle

Es ist für mich absolut erstaunlich. Seitdem ich mich dafür entschieden habe, dieses Buch zu schreiben, begegne ich ständig interessanten Menschen mit ungewöhnlichen Geschichten, die sich gerne dazu bereit erklären, diese zu erzählen. Meine Augen sind offen, und ich werde mit großartigen unerwarteten Begegnungen beschenkt. Ich liebe dieses Projekt und freue mich schon auf weitere Überraschungen.

Was liegt Ihnen am Herzen? Was wollten Sie immer schon tun? Um meinen geheimen Wünschen auf die Spur zu helfen, gehe ich los, raus in die Natur. Ich setze meine Ferse auf dem Boden auf, rolle über den Vorfuß und die Zehen ab und flaniere ohne Ziel – und ich staune darüber, was mir alles begegnet. Ein Schwan begleitet mich während eines Spaziergangs entlang des Bachlaufs, stoppt, wenn ich stehen bleibe, wartet und schwimmt in dem Moment weiter, wenn ich weitergehe. Welch schöner magischer Moment. Ich nehme mir nichts vor und lasse mir Raum für Überraschungen.

Unverzichtbares Credo meiner jahrzehntelangen Arbeit sind Neugier und Begeisterung. Bereits zu Theaterzeiten war es mir ein Anliegen, mich mit jedem Theaterstück, das wir produzierten, selbst zu überraschen. Das führte auch zum Erfolg, da wir unsere Produktionen mit einer kleinen Idee starteten und gemeinsam mit einem internationalen Regisseur zu einem großen Ganzen entwickelten. Dieser erste Impuls, verknüpft mit viel Lust an der Theaterarbeit und einem großen Vertrauen, trieb uns zu Höchstleistungen, da wir uns das Thema selbst ausgewählt hatten und dafür brannten.

Die authentische Darstellung über den Körper war uns sehr wichtig, und so prägten wir einen eigenen Stil, der durch die Mimik, Gestik und Körperdarstellung unverkennbar war. Dies war mitunter ausschlaggebend für unseren Erfolg. Wir waren neugierig und arbeiteten intensiv, ohne vorher zu wissen, wie das Endergebnis aussehen würde. Den Höhepunkt unserer Karriere bildete ein Stück im Stile der Stummfilmzeit, wo wir zwei Frauen zehn verschiedene nonverbale Charaktere spielten und von einem Pianospieler live begleitet wurden. Da das Stück ein großer Erfolg war, und diese Darstellungsform international verstanden wurde, waren wir gern gesehene Gäste auf Theaterfestivals in ganz Europa. Wir trafen unsere Entscheidungen nicht nach den momentanen Entwicklungen, sondern ließen uns von unserer Intuition leiten, was von unserem Umfeld manchmal als unvernünftig und wenig nachvollziehbar empfunden wurde. Wir aber waren so begeistert bei der Sache, dass sich dies unmittelbar auf unser Publikum übertrug. Die strahlenden Gesichter und der Applaus waren unsere Geschenke. Neugier und intuitives Handeln beflügelten uns, öffneten uns Räume für Unerwartetes, und wir fühlten uns mehr als lebendig, weil wir das taten, was uns so richtig Spaß machte.

Der Manager, der davon träumte, er selbst zu sein

»Eigentlich bin ich ganz anders, aber ich komme nicht dazu.« Bringt Ödön von Horváth nicht ausgezeichnet auf den Punkt, wie es vielen Menschen geht?

Meine liebe Freundin Micha Widnig-Tiefenbacher ist Hotelbesitzerin und lädt mich überraschend ein, ein paar Tage in ihren Naturel Hotels & Resorts über dem schönen Faaker See zu schreiben. Während eines Spaziergangs mit meinem Hund begegne ich einem Manager einer großen Firma, der sich gerade in der umliegenden schönen Umgebung des Sees mit herrlichem Ausblick auf die angrenzenden Karawanken die Beine vertritt. Er nutzt die Pause seines Firmenmeetings dafür, ein wenig zu schlendern, um den Kopf freizukriegen. Wir vertiefen uns in ein Gespräch über Beruf, die täglichen Rollenspiele und den Stress, der damit verbunden ist. Der sympathische Manager erzählt mir, dass er die ganze Woche über ein anderer sein müsste und das Wochenende herbeisehnt, um endlich sein wirkliches Leben leben zu können. Ewig den Erfolgreichen und Unbesiegbaren zu spielen, fordere ihn sehr und mache ihn müde, sagt er. Ich erwidere, dass Rollenspiel nicht nötig sei, um erfolgreich zu sein. Natürlich funktioniert es auch, sich zu verstellen, aber es fordert unnötig viel Energie. Er fragt mich, woher ich das wüsste, und ich erzähle ihm, dass ich sehr lange Schauspielerin war und viele Rollen spielen musste, die selbst mir nicht immer optimal lagen. Wie schwierig muss das erst für einen Manager sein, der Schauspiel nie gelernt hat.

In fremde Rollen zu schlüpfen, heißt im Alltagskontext, sich selbst und seiner Ausstrahlung nicht zu trauen. So werden wir sehr schnell fehleranfällig, was uns viel Kraft und Konzentration abverlangt. Überrascht blickt er mich an und sagt, dass das neu für ihn sei, denn das Rollenspiel sei ein »Muss« für jeden erfolgreichen Manager, das würde bis zum Umfallen gepredigt. Die Manipulation, Geschäftspartner zu »überzeugen«, indem man »richtig« auf die identifizierten nonverbalen Signale reagiere, das wäre doch das Handwerkszeug, das man tagtäglich benötige. Ich stelle ihm die Frage, wie dies auf Dauer funktionieren solle, wenn wir uns verleugnen und selbst nicht glauben? Warum sollte uns dann das Gegenüber vertrauen?

Der Energielevel und die Begeisterung im gehobenen Management sinken mit jedem Lebensjahr, erzählen die betroffenen Führungskräfte in meinen Seminaren, und das äußert sich in Energielosigkeit, abgekämpften Gesichtern und großer Frustration. Imaginäre Ziele zu jagen, ist unbefriedigend und führt dazu, dass man die erreichten Erfolge weder genießen noch zelebrieren kann, da sie weder gespürt noch wahrgenommen werden. Freude, Lachen und Leidenschaft werden zu Mangelware, dabei sind das die Zutaten, die unser Leben lebenswert machen. »Der Skispringer knapp vor dem Absprung« (Hitparade der Alltagshaltungen) ist ein häufiges Haltungsbild im Management und ein Ausdruck von perfektionistischem Streben, Atemlosigkeit, Überforderung und Stress. Kopf und Oberkörper sind in diesem Fall nach vor gezogen und den Füßen wird somit das Fundament, das uns stärkt, entzogen. Wenn wir aus dieser Haltung nicht aussteigen, wird ein entspanntes Agieren unmöglich. Stress macht sich breit, und das Ende der Geschichte wird im rasanten Ansteigen der »Burn-outs« sichtbar. Unterbrechen Sie diesen Rhythmus, indem Sie innehalten, bewusst ausatmen und langsam schlendern. Das tut gut.

Wir sind dann richtig gut, wenn wir in unserem individuellen Stil mit Überzeugung und Begeisterung agieren, mit echtem Interesse, kombiniert mit wertschätzender Kommunikation. Beobachten Sie sich doch mal, wenn Sie sich richtig wohlfühlen, im Urlaub oder bei einem guten Essen mit Freunden. Der Atem fließt, das Gesicht ist entspannt, und Sie genießen den Moment. Wenn Sie immer wieder mal bewusst ein Augenmerk auf Ihren Körper legen, wissen Sie, wie es geht, und so bringen Sie Klarheit in Ihre persönliche Performance und werden unvergleichlich. Kennen wir unsere Körperpotenziale und arbeiten bewusst damit, geben wir das Statement einer handlungsfähigen, selbstbestimmten Persönlichkeit mit Mut zu Haltung ab. Das macht uns einzigartig und authentisch, und so werden wir auch von unseren Kommunikationspartnern wahrgenommen und wertgeschätzt.

Ein Mensch mit Wiedererkennbarkeit, Handlungs- und Handschlagqualität. Selbstbestimmt, autonom und kreativ handelnd im Sinne eines großen Ganzen, wünschen wir uns das nicht alle? Warum fürchten wir uns so davor und glauben, dass unsere Persönlichkeit nicht dazu ausreicht, Menschen zu begeistern? Wie soll ein anderer Mensch an etwas glauben, wovon wir selbst nicht überzeugt sind? Machen Sie sich nichts vor, das spürt man sofort, auch wenn Sie noch so gut trainiert sind. Das ist das Missverhältnis zwischen Körpersprache und gesprochenem Wort. Wir können mit Worten noch so viel erzählen, wenn wir aber nicht daran glauben, wird das im Körper sichtbar, denn der lügt nie. Was haben wir zu verlieren, wenn wir zeigen, wer wir wirklich sind? Wir imitieren, persiflieren und verhalten uns so, wie es uns antrainiert wurde und es von uns erwartet wird. Verlieren wir uns nicht selbst, wenn wir unsere ureigene Haltung, unsere wirkliche Meinung, den Bezug zu uns selbst negieren? Wir spielen mit in einem Spiel der Oberflächlichkeit, des Sich-Zurschaustellens, ohne zu wissen, wen oder was wir überhaupt darstellen. Ein schlechtes Schauspiel, das uns die lebendige Ausstrahlung raubt und uns traurig aussehen lässt.

Wenn Sie sich von außen betrachten, wen sehen Sie? Das »Rollenspiel«, das im Theaterkontext durchaus lustvoll sein kann, verführt uns dazu, ein Leben zu leben, das nicht unseren ureigenen Bedürfnissen entspricht. Dies führt in einem hohen Maß zu Energievergeudung und verlorener Konzentration und führt sehr oft zu Fehlentscheidungen, die unbefriedigend sind. Das begegnet mir immer wieder in meinen Seminaren in Wirtschaftsbetrieben, im Bildungsbereich und in der Politik. Die Auswirkungen von Selbstverneinung sind müde Gesichter, Freudlosigkeit, Unzufriedenheit, Atemlosigkeit und Inhaltsleere. Ist dies nicht eine verheerende Einbuße an Lebendigkeit, die unser Leben so lebenswert macht? Warum tun wir uns das an?

Willst du das wirklich?

Der große Arbeitsphilosoph Frithjof Bergmann, Begründer von »New Work«, lebt in Detroit und ist mittlerweile 85 Jahre alt. Er sagt, dass sich die Freiheit dann ausdrückt, wenn ein Mensch sich selbst achtet und nicht die Stiefel eines anderen küsst, auch wenn dieser Macht und Titel besitzt. Ich hatte das große Glück, ihn persönlich kennenlernen zu dürfen. Wir begegneten einander im Rahmen eines Zukunftskongresses, wo ich unvergessliche und beeindruckende Gespräche mit ihm hatte, die für mich lebensverändernd waren. Ein alter, weiser Mann, der mit Leidenschaft für eine bessere Welt kämpft und das bereits sein ganzes Leben lang. Er ist davon überzeugt, dass unsere Gesellschaft zufriedener wird, wenn die Menschen ihren Leidenschaften nachgehen und gleichzeitig ökonomisch, ökologisch und sozial rücksichtsvoll handeln. Wenn wir selbstbestimmt agieren und bewusst darauf achten, das umzusetzen, was wir gerne tun, führt dies zu einem lebenswerten Dasein, und die logische Konsequenz daraus ist Zufriedenheit und Toleranz. Dies repräsentiert einen Großteil des erstrebten Glücks, dem wir ständig hinterherjagen. Das können wir jedoch nur in uns selbst finden, sobald wir die Entscheidung treffen, bewusst handelnde Menschen zu werden.

Frithjof Bergmann ist berühmt für seine Frage, die er naiv wie ein Kind Tausenden Menschen gestellt hat. »Ist das, was du tust, das, was du wirklich, wirklich willst?« Diese einfache Frage löst im Großteil der Menschen wahre emotionale Quantensprünge aus. Nach anfänglichen stereotypen Antworten kommen die Befragten auf den Punkt. Sie sagen großteils, dass ihre Jobs ihre Lebensenergien auffressen, dass sie schon lange nicht mehr das tun, was ihnen Freude bereitet, und dass sie davon träumen, Gitarre zu spielen, zu singen oder einfach nur in der Hängematte zu liegen, um in den Himmel zu schauen, ohne erkennbares Ziel. Das sagt doch alles. Leben wir wirklich unser Leben oder wollen wir mit unserem scheinbaren, äußeren Erfolg die Erwartungen unserer Mütter, Väter oder Ehepartner erfüllen, weil wir es gelernt haben, uns über unsere Leistung zu definieren? Sind wir ohne Leistung nichts wert, als Mensch, als Individuum?

Haben Sie eigentlich schon über meine drei Fragen nachgedacht?

Geduscht und erfrischt

Nachdem ich mein Gespräch mit dem Manager beendet habe, gehe ich zum Abendessen in das Dorfhotel Naturel und erlebe eine kleine Geschichte, die ich als Geschenk empfinde. Es ist nur eine kurze Episode, aber während ich sie beobachte, geht mir das Herz auf, und ich denke daran, wie wir alle als Kinder waren. Zu welcher Lebendigkeit wir die kleinsten Begebenheiten im Leben erweckten.

Ein etwa zweijähriges Kind macht mir bewusst, was wir Erwachsene verlernt haben. Der kleine Bub spielt mit einer Lametta-Palme, die zuvor als Dekoration in seinem Eis steckte, dermaßen vertieft und intensiv, was mich so in seinen Bann zieht, dass ich vor lauter Staunen zu kauen vergesse. Er steckt die Palme, die an einem Holzstäbchen befestigt ist, in einen Holzträger im Lokal, stellt sich darunter und »duscht« sich. Er wäscht sein Haar mit solcher Hingabe, dass ich das Wasser, das durch sein Haar rinnt, sehe. Mehr als zehn Minuten begeistert er sich an seiner imaginären Dusche, nimmt die Palme heraus, geht weg, steckt sie wieder hinein und genießt erneut die Dusche. Nach kurzer Zeit blickt ein anderer kleiner Junge interessiert um die Ecke, holt sich nach kurzem Zögern ebenfalls eine Palme und tut es ihm gleich. Die Intensität und Freude, die diese kleinen Kinder ausstrahlen, berührt mich und erinnert mich an das, was einmal war.

Können Sie sich daran erinnern, wann Sie das letzte Mal so begeistert und vertieft im »gar Nichts« waren?

Schwimmen mit Unterhaltungsfaktor

Das Schwimmen ist mittlerweile unverzichtbar für mich geworden. Zwei- bis dreimal pro Woche packe ich meinen Schwimmbeutel und begebe mich mit dem besten Ehemann von allen auf Tauchstation.

Unter Wasser ist unsere Begegnung weich gezeichnet und verlangsamt, über Wasser begegnen wir uns von Kopf zu Kopf. Heute sind sehr viele Leute im Schwimmbecken, was das Kraulen etwas erschwert.

»Au!«, jäh werde ich in meinem sportlich-eleganten Kraulstil durch ein Hindernis gestoppt. Ich tauche auf und sehe einen Mann mit Glatze und Schwimmbrille, der mich verdutzt ansieht. Wir greifen uns gleichzeitig auf unsere Köpfe, um zu überprüfen, ob wir noch bei Sinnen sind, entschuldigen uns und schwimmen in entgegengesetzte Richtungen davon. Jetzt heißt es aufpassen, leicht verwirrt ersetze ich das Kraulen durch Brustschwimmen. Das Unterwasserleben ist heute mehr als interessant. Der Perspektivenwechsel von schlängelnden, strampelnden, tanzenden Füßen unter Wasser mit eleganten, hoch konzentrierten dazugehörigen Köpfen über dem Wasser amüsiert mich. Die Schwimmenden sehen aus wie seltene Wasserwesen, konzentriert mit vorgestreckten Schnäbeln, prustenden Mündern oder seligem Lächeln. Ein herrliches Wasserballett mit Entertainmentcharakter.

Ich bin froh, dass ich mich selbst nicht sehe. Da hätte ich ja glatt etwas zu lachen.

So, wie man kommt, so geht man wieder

Ich erzähle Ihnen nun eine Geschichte über meinen Uronkel Willi. Dieser alte heitere Mann zeigt, wie wichtig es ist, das innere Kind und die Neugier in sich wertzuschätzen und bis ins hohe Alter zu bewahren. Er machte mir bewusst, dass wir durch eine positive Einstellung die Qualität des Älterwerdens zu einem großen Teil selbst mitbestimmen können. Nicht die Falten sind es, die uns alt aussehen lassen, sondern die innere Einstellung zu uns und unserem Leben. Warum entschuldigen sich so viele Menschen, weil sie nicht mehr jung sind? Leisten wir doch Widerstand, indem wir bewusst leben, zu uns und unseren wertvollen Erfahrungen und Entwicklungen stehen. Widerlegen wir das Zitat »Alter ist ein Verschwinden in der Erscheinung«, indem wir sichtbar und aktiv bleiben. Leider sieht es in der Realität oft anders aus, und alte Menschen werden sehr oft übersehen. Wir schauen nicht hin. Viele sinken durch ihre Lebenserfahrungen immer mehr in sich zusammen, und die Reaktionen des Umfeldes verstärken dies leider noch mehr. Weigern wir uns doch, in diesem unseligen Altersreigen mitzutanzen!

Ich muss gestehen, dass ich vor etwas mehr als zehn Jahren noch etwas anders dachte und auch im Mainstream der obligaten Alterspanik mitspielte. Ich war Anfang 40, machte mir Sorgen über das Älterwerden und stimmte, ohne nachzudenken, in das übliche Gejammer mit ein, dass jetzt wohl meine beste Zeit vorbei wäre. Es könne nur noch bergab gehen, glaubte ich, stellte mich bereits auf meinen körperlichen Verfall ein und wurde dabei immer verspannter. Bis dahin hatte ich wenig über das Altern nachgedacht, aber es war die Zahl 40, die so bedrohlich im Raum stand und für mich den Verlust der Jugend und Unbeschwertheit bedeutete.

Als eine Frau der Taten wollte ich diesen Zustand jedoch so nicht hinnehmen und beschloss, mich dem Thema »Alter« mit einem künstlerischen Projekt anzunähern, um es für mich besser zu verstehen. Ich hatte ja in meiner Familie Uronkel Willi, der in hohem Alter noch sehr bewegt durchs Leben bummelte. Er war zu Beginn des Projektes 102 Jahre alt und freute sich seines Lebens. Trotz seines hohen Alters war er noch sehr beweglich, körperlich und geistig. Ich wollte dem Geheimnis seiner ewigen Jugend auf den Grund gehen und besuchte ihn gemeinsam mit meiner damals 18-jährigen Tochter Nina. Bereits beim ersten Treffen war ich mehr als erstaunt. Uronkel Willi, der um ganze 60 Jahre älter war als ich, saß mit Hut am Hometrainer und strampelte vergnügt vor sich hin. Als er uns sah, strahlte er und sagte vergnügt: »Ui, rechts eine schöne Frau, links eine schöne Frau, da wird man noch zum Jäger«, und schüttelte sich vor Lachen. Dieser Humor wirkte sofort ansteckend und öffnete unsere Herzen. Bereits die ersten Gespräche mit dem alten Mann waren so erstaunlich, dass ich entschied, ein künstlerisches Projekt zu machen und ihm eine Performance in einem Reisebus mit dem Titel »Alterslos« zu widmen. Nach dem ersten Treffen besuchte ich meinen Uronkel über einen Zeitraum von zwei Jahren regelmäßig, sprach mit ihm, machte Ton- und Filmaufnahmen und lernte von ihm, das zu sehen, was ihn so lebendig machte. Mit jedem Besuch faszinierte mich sein Blick auf die Welt mehr und mehr. Er sprach Dinge aus, die wir uns nicht zu sagen trauen. Er betrachtete die Natur, das Leben und den Tod. Als seine Frau während der Dreharbeiten 96-jährig verstarb, war er traurig und nachdenklich, sagte aber dann: »Ich muss nicht traurig sein, ich komme ja bald nach.« Bei unseren gemeinsamen Spaziergängen, die uns immer abwechselnd zum Bahnhof und anschließend zum Friedhof führten, freute er sich über den beginnenden Frühling, der die schönsten Farben zutage brachte, und sagte: »Es ist so schön, wenn es grün wird und blüht, es ist schon schön, es ist schon schön auf der Welt.«

Obwohl er bereits schlecht sah und hörte, waren seine Sinne auf die Lebendigkeit gerichtet, und er fand so vieles, woran er sich begeisterte. Bereits nach kurzer Zeit schämte ich mich wegen meiner negativen Gedanken und der Angst vor dem Älterwerden. Ich realisierte, dass ich bei einem Spiel mit dem Namen »Bleib ewig jung und verschweige dein Alter« unbewusst mitgespielt hatte, ohne es zu hinterfragen, und mir wurde die Lächerlichkeit dieser Dynamik schmerzlich bewusst. Ich stieg aus diesem Glaubensmuster aus und beschloss, mich der Lebendigkeit zu widmen, die alterslos ist.

Onkel Willi wurde am 3. Februar 1901 geboren und erlebte das Ende der Monarchie, wo er als 14-Jähriger bei der K.-u.-k.-Marine in Pula als Schiffsjunge anheuerte, zwei Weltkriege und den Beginn der digitalen Revolution. Er war Vater von zwei Zwillingspärchen und brachte das Gailtal in Kärnten zum Leuchten, wie er so schön sagte, da er Elektriker war und die ersten Stromleitungen in die Haushalte legte. Mich interessierte besonders das Geheimnis seiner positiven Weltsicht, seines Humors, seiner Gesundheit und Beweglichkeit. Auf die Frage, wann er das erste Mal verliebt war, antwortete er schmunzelnd: »Der Kavalier schweigt und genießt.«

Was mir bei diesen Gesprächen besonders auffiel, war, dass mein Onkel viele Dinge tat, die man einem alten Menschen in unserer Gesellschaft nicht zuordnete und von vielen Menschen als unvernünftig gesehen werden könnten. Er campierte mit seiner Frau jedes Jahr bis weit über sein

90. Lebensjahr in der Nähe von Venedig und fuhr täglich zehn Kilometer mit seinem Fahrrad bis er 100 Jahre alt war. Als er aufgrund seiner schlechter werdenden Seh- und Hörleistung nicht mehr auf der Straße fahren durfte, kaufte er sich einen Hometrainer und setzte seine sportlichen Aktivitäten indoor mit Hut auf dem Kopf fort. Sein Tag war ausgefüllt: Am Vormittag spazierte er zum Friedhof, wo er die Gräber seiner Frau und seiner verstorbenen Freunde besuchte. Nach dem Mittagsschläfchen machte er Gymnastik, dehnte und streckte sich und schlenderte anschließend zum kleinen Bahnhof in Nötsch, wo er die ankommenden Züge und die Reisenden beobachtete und begrüßte. Als kleiner Junge hatte er mit seiner Familie in diesem Bahnhofsgebäude gelebt, da sein Vater Bahnhofsvorsteher gewesen war. Er liebte diese Erinnerungen und genoss es, auf der Wartebank am Bahnhof zu sitzen, denn hier begegnete er seiner Vergangenheit und dem Leben. Die Reisenden kannten ihn alle, begrüßten ihn erfreut, unterhielten sich mit ihm und erzählten ihm Neuigkeiten aus ihrem Alltag. Bevor der alte Mann nach Hause ging, kehrte er noch beim Dorfwirten ein, um den Nachmittag mit einem Glas Wein zu beschließen. Onkel Willi erzählte mir, dass ihm sein Humor und die positive Weltsicht halfen, die zwei Weltkriege zu verkraften. Seine Familie, Freunde und die örtliche Gemeinschaft waren ihm sehr wichtig und hielten ihn aufrecht. »Du musst neugierig sein bis zum Schluss«, sagte er mir immer wieder und seine Augen strahlten verschmitzt.

Onkel Willi freute sich sehr darüber, dass ich mich trotz seines hohen Alters für ihn interessierte und ihm eine künstlerische Geschichte widmete. Als er 104 Jahre alt wurde, fragte ich ihn, wie alt er werden wollte. Er antwortete darauf: »Das, was ich bin, bin ich, und das, was wird, wird ein Erlebnis werden.«

Nach der Premiere meiner Performance lebte mein Uronkel noch ein paar Monate bei guter Gesundheit und voller

Lebensfreude. Die letzten drei Wochen seines Lebens wollte er nicht mehr aufstehen und er genoss die Zeit im Bett, alberte herum und freute sich darüber, dass er von seiner Pflegerin bedient wurde. Im Sommer 2005 schlief er zufrieden ein.

Nach diesen beeindruckenden zwei Jahren fühlte ich mich mehr als beschenkt. Die Lebensweisheit und positive Haltung dieses alten Mannes, der bis zum Schluss selbstbestimmt lebte, wurden für mich zum Leitfaden, der trotz unvermeidlicher Lebenserschütterungen immer wieder positive Impulse liefert, die mich durchs Leben tragen, erheitern und zum Schmunzeln bringen. Danke, Onkel Willi.

»So, wie man kommt, so geht man wieder«, war einer seiner letzten Aussprüche.

Leicht und lebendig oder schwerfällig?

»Wie lebendig oder schwerfällig wir durch unser Leben gehen, können wir zu einem guten Teil selbst mitbestimmen. Je beweglicher unsere Wirbelsäule ist, umso besser verteilt sich die Energie im Körper. Je weniger Kraft wir für die Bewegung verwenden, umso mehr Kraft haben wir für das Leben. Bei zu großem Energieaufwand wird alles schwer und mühevoll, wir lachen weniger, das Leben wird zu einem schweren Gewicht, das uns nach unten zieht und uns nicht mehr aufrecht stehen lässt«, so treffend bringt Kierty Verbooy auf den Punkt, was über unsere Beweglichkeit und Lebendigkeit bis ins hohe Alter entscheidet.

Auch Uronkel Willi bewegte sich täglich bis zu seinem Tod, war aufgerichtet, geistig fit, lachte viel und sah um mindestens 20 Jahre jünger aus. Es scheint ja etwas an der Theorie dran zu sein.

Darüber hinaus möchte ich Ihnen die Tipps von Onkel Willi für ein lebendiges Leben mit auf Ihren Weg geben:

- viel lachen
- spazieren gehen
- Fahrrad fahren
- dehnen und strecken
- die Natur beobachten
- neugierig bleiben
- Nudelsuppe essen

– ein Glas Wein trinken
– Musik hören
– das Leben lieben
– über die Grenzen denken
– sich am Leben beteiligen bis zum Schluss

Eine folgenschwere Entscheidung

Es ist so weit. Mein Wochenendseminar unter dem Motto »Mut und Haltung durch Sichtbarkeit« steht vor der Tür, und ich verbringe das kommende Wochenende erneut im Falkensteiner Hotel Bad Bleiberg. Als ich das Hotel betrete, empfängt mich Horst, um mich gleich zu Kierty und seiner Frau Jeannette, die diesmal mitgekommen ist, zu bringen, die bereits aus Holland angereist sind.

Auch die zweite Begegnung mit dem Kampfkünstler und das Kennenlernen seiner humorvollen Frau Jeannette, einer Yogalehrerin und Haltungstrainerin, begeistert mich, da wir bereits in den ersten zehn Minuten nur lachen und Späße machen. Es ist herrlich.

Die beiden überraschen mich mit der Nachricht, dass sie sich für mein Seminar angemeldet haben. Das wird spannend. Ich bitte Kierty und Jeannette, ihr Körperwissen einzubringen, denn das ist für mich und die Teilnehmer wissenserweiternd und vertiefend. Das Seminar läuft wunderbar, da die beiden auf dezente und heitere Art neue Aspekte zeigen, was für gute Stimmung mit viel Abwechslung und Überraschung sorgt. Dies setzt sich am Abend an der Theke fort. Wir sind so ausgelassen, lachen und tanzen, bis uns die Tränen an den Wangen herunterkullern. Kierty erzählt, dass er einmal pro Jahr eine »Martial Arts Week« in Holland veranstaltet, das heißt, all seine Studenten und befreundeten Lehrer, Spezialisten verschiedenster Kampfkünste, trainieren eine Woche lang neun Stunden täglich in einem gemieteten Haus mit großem Grundstück in Zeeland an der Nordsee. Das ist meine Chance. »Kann ich da auch mitmachen?«, frage ich spontan, und Kierty bejaht dies. Sofort melde ich mich für diese Woche an, um ja keine Befürchtungen und Zweifel hochkommen zu lassen. Jetzt gibt es kein Zurück mehr. Es ist beschlossen, ich fahre Ende August an die Nordsee, wo ich eine Woche mit professionellen Kampfkünstlern trainieren werde. Mein Trainingszustand ist nicht so optimal, aber darüber denke ich jetzt lieber nicht nach. Da muss ich durch, und Sie sind dabei. Was wohl der beste Ehemann von allen dazu sagen wird?

Nach dem Seminar erzähle ich Reinhard von meiner Entscheidung. Er sagt trocken: »Du, mit deiner Kondition? Wie soll das gehen? Aber, mach nur.« Sehr witzig, Reinhard ist ein leidenschaftlicher Sportler, fährt regelmäßig mehrere Stunden mit seinem Mountainbike, läuft und macht Klettertouren. Als er mit dem Biken begann, war ich ja auch noch sehr ambitioniert und versuchte, mitzuhalten, was aber jämmerlich misslang. Während er locker die steilsten Hügel hinaufradelte, raste mein Puls in die Höhe, und ich bekam solch einen roten Kopf, dass ich vom Fahrrad absteigen musste, um überhaupt noch Luft zu bekommen. Das machte mir keinen Spaß, und so beendete ich sehr bald meine Fahrradära. Ich begann dann, regelmäßig zu gehen und zu laufen, was meinem Rhythmus eher entsprach. Da der beste Ehemann ein Extremist ist, ist meine sportliche Leistung in seinen Augen, na ja, sagen wir mal, nicht unbedingt erwähnenswert. Aber da er Überraschungen von mir gewohnt ist, wundert er sich nicht über meine Entscheidung, in Holland zu trainieren.

Das Telefon klingelt, und meine Freundin Elisabeth Monder, die ebenfalls an meinem Seminar in Bad Bleiberg teilgenommen hat, ist am Telefon. »Du, Andrea, was hältst du davon, wenn ich mit dir nach Holland fliege, zur Martial Arts Week?« »Ja, das ist eine gute Idee, komm mit«, antworte ich und bin froh, dass ich mich im September nicht allein blamieren muss.

Die Dame weiß, wie es geht

Um den Kopf freizubekommen und mich von dem intensiven Wochenende zu erholen, gehe ich mit meinem Border Collie Pino spazieren. Heute freut er sich besonders, weil ich drei Tage nicht zu Hause gewesen bin, und läuft fröhlich los. Wenn mein Hund gut gelaunt ist, schmeißt er seine Hinterbeine nach rechts und links, und der ganze Körper scheint zu fliegen.

Auf unserer Hundestrecke fährt eine sehr alte Radfahrerin, die ich beinahe täglich sehe, im sportlichen Renndress an uns vorbei. Ich habe mich schon oft gefragt, wie alt sie ist. Heute folge ich meinem Impuls, rufe ihr nach und winke ihr zu. Verwundert hält sie an, steigt leicht verärgert vom Rad und fragt mich, was ich von ihr will. Ich entschuldige mich, dass ich sie angehalten habe, und sage: »Ich sehe Sie jeden Tag mit dem Rad fahren und bin beeindruckt davon, wie schnell Sie unterwegs sind. Wo fahren Sie denn hin?«

Erstaunt sieht mich die alte Dame an und antwortet mit tiefer Stimme: »Ich fahre um den Ossiacher See, das sind 32 Kilometer, dann steige ich kurz ab und schwimme eine Runde. Danach fahre ich wieder nach Hause. Das mache ich jeden Tag. Wieso fragen Sie das?«

Ich erkläre ihr, dass sie mir aufgefallen ist, weil sie sehr sportlich unterwegs ist. Sie erzählt mir, dass sie bis vor ein paar Jahren mit dem Alpenverein ständig auf den Bergen war, das Tempo der restlichen Bergsteiger jedoch zu schnell für sie geworden sei, und sie deshalb beschlossen habe, eine sportliche Betätigung zu wählen, die ihrem eigenen Rhythmus entspricht.

Beeindruckt frage ich die Frau, ob ich ihr Alter erfahren dürfte. »Ich bin 90 Jahre alt«, antwortet sie, schaut mich etwas schief und verwundert an, setzt sich auf das Rad und fährt davon. Beeindruckt von der sportlichen Leistung dieser betagten Dame setze ich meinen Spaziergang fort und nehme mir vor, ab morgen wieder zu joggen.

Andrea sucht die Lebendigkeit

Bereits in jungen Jahren interessierte ich mich sehr für den Körper und seine Ausdrucksmöglichkeiten und so besuchte ich eine Ausbildung in Pantomime.

Damals noch sehr durch meine Ängste blockiert, war ich nicht in der Lage, locker zu werden und die Beschäftigung mit dem Körper zu genießen. Zu viele Spannungen hemmten mich. Meine inneren Protagonisten, Begeisterung und Anspannung, duellierten sich in mir und ließen mich nicht frei werden. Ich spürte eine permanente Anspannung im Sonnengeflecht, ein Globusgefühl im Hals und die Faust im Nacken. So fiel mir das Lachen schwer, die Atmung war blockiert, und in meiner Verzweiflung suchte ich nach Wegen, diesen unangenehmen Zustand loszuwerden. Je mehr ich es versuchte, umso mehr verspannte ich mich, Mutlosigkeit machte sich breit. Schließlich erkannte ich, dass der einzige Weg, diese unerwünschten Zustände loszuwerden, war, sich damit näher zu beschäftigen, um die Zusammenhänge zu erkennen. Ich nahm diesen Impuls auf und machte mich auf eine Reise, um die unterschätzten und vergessenen Ressourcen, die wir in uns tragen, zu erforschen und zu verstehen. Ich setzte mir ein Ziel nach dem Motto: »Andrea auf der Suche nach der Leichtigkeit.«

Je mehr ich mich in meinen Ausbildungen mit dem Körper beschäftigte, umso klarer wurden mir die Gesamtzusammenhänge. Ich erkannte, dass die Energie, die uns im

Idealzustand durch das Leben trägt, zu einem gefährlichen Gegner werden kann, wenn wir sie nicht dafür nutzen, was uns Freude macht. Dies führt dazu, dass sie eine Eigendynamik entwickelt, in uns wütet und uns bis in die letzten Knochen lähmt. Je mehr ich mich gegen meine Ängste wehrte, umso schlimmer wurden sie. Ich bekam Panikattacken, was mein Leben über Jahre immer enger werden ließ und zum Tunnelblick führte. Davon kann ich Ihnen ein Lied singen, und das ist nicht gerade fröhlich. Irgendwann war es mir doch zu viel, ich konnte meine Opferhaltung, mein ständiges Jammern nicht mehr ertragen und ergriff die Initiative, indem ich mich wieder über meinen eigenen Schatten hinauswagte.

Ich tat Dinge, vor denen ich mich fürchtete.

Autofahren war aufgrund meiner Panik fast undenkbar für mich gewesen, da ich während des Fahrens kaum atmen konnte. So begann ich in kleinen Etappen, meinem Leben eine neue Richtung zu geben, indem ich es in die Hand nahm. Ich setzte mich ins Auto und fuhr auf einen nahe gelegenen Berg, stieg aus, genoss den Ausblick und fuhr dann wieder hinunter. Das war für mich ein kleiner Gipfelsieg, im wahrsten Sinne des Wortes. Ich war sehr stolz und realisierte, dass meine Angst keine Chance hatte, wenn ich mich davon nicht beeindrucken ließ. Eine meiner größten Herausforderungen war es, mit dem Auto durch einen Tunnel zu fahren. Für jemanden, der diese psychischen Ausnahmezustände nicht kennt, unverständlich. Als Schauspielerin war ich ständig auf Tournee und hielt jedes Mal vor tunnelreichen Strecken an und bat meine Kollegin, weiterzufahren, da mir im Tunnel stets die Luft wegblieb, und ich von allerlei nervösen Zuckungen geplagt wurde. Ich dachte, ich müsste sterben. Ein echter Albtraum. Doch auch dieses Muster konnte ich durchbrechen, indem ich es bewusst in Angriff nahm. Bevor ich in einen Tunnel fuhr, atmete ich tief aus, entspannte mein Gesicht, fuhr durch, und es passierte nichts. Das war ein gutes Gefühl, das für jene, die diese Ängste nicht kennen, lächerlich erscheint, für mich aber war es ein kleiner Sieg. Heute würde ich noch zusätzlich mit den Lippen flattern wie ein Pferd, und die Entspannung tritt im Moment ein. Damals wusste ich das jedoch noch nicht.

Zu Beginn meiner Theaterlaufbahn hatte ich auch große Angst davor, auf der Bühne zu versagen, und so wurden meine Auftritte zu einem einzigen Gefühlschaos. Einen meiner ersten Auftritte überstand ich mit einem »gefühlten« Fläschchen »Notfalltropfen«, die ich mir hinter der Kulisse in den Hals leerte. Als ich mit meiner Psychologin, die sich durch einen wunderbar ironischen Humor auszeichnete, darüber sprach, sagte sie: »Und, was ist das Schlimmste, was dir auf der Bühne passieren kann? Du fällst um. Jemand kommt, hilft dir auf, und danach spielst du wieder weiter.« Sie lachte, während sie mit mir sprach. »Es geht wieder weiter«, dieser Satz half mir. Ihr entspannter Zugang zu meinen Ängsten ließ mich durchatmen, und die Bedrohung wurde gleich ein wenig kleiner.

Auf diese Weise wagte ich mich weiter und kam meinem Ziel, die Leichtigkeit in mein Leben zu lassen, näher und näher, Schritt für Schritt. Mit jedem kleinen Sieg wurde das Monster »Angst«, das eigentlich »Angst vor der Angst« hieß, kleiner, und zum Schluss setzte ich ihm gedanklich noch eine rote Nase auf. Mit der Zeit arrangierte ich mich mit meinen Ängsten und akzeptierte, dass ich manchmal schwach sein darf und dies ein Teil von mir ist, der integriert werden will. Mitunter war dies der Impuls, meinen persönlichen beruflichen Weg zu finden, der unter dem Motto »Andrea auf der Suche nach der Leichtigkeit« stand.

Die Suche hat sich gelohnt, ich habe sie gefunden. Heute bin ich sehr dankbar für diese Erfahrung, da ich es aus eigener Kraft geschafft habe, aus diesem beengenden Hamsterrad auszusteigen und persönlich daran zu wachsen.

Ich spüre sie, die Leichtigkeit

In dem Moment, wo Menschen eine Geschichte erzählen, wo sie glücklich waren, werden sie ganz lebendig. Wunderbares Körpergedächtnis.

In meiner 16-jährigen Theaterzeit absolvierte ich viele Ausbildungen im Bereich des Körper-, Clowns- und Improvisationstheaters, in der Rhetorik, am Saxofon und im Gesang. Ein »Stimmexperimentaltraining« mit einem Posaunisten ist mir besonders in Erinnerung geblieben, weil ich dabei ein positives Aha-Erlebnis hatte.

Diese Ausbildung war sehr lustvoll, da wir abwechselnd mit dem Körper, mit dem Instrument, ich spiele Saxofon, dem Atem und der Stimme experimentierten. Wir spielten und sangen im Trio wie Kinder, ohne nachzudenken, und es machte Riesenspaß. Plötzlich forderte mich mein Lehrer Bertl Mütter auf, allein zu singen. Mein innerer Richter setzte sofort eine strenge Miene auf und sagte: »Du kannst das nicht!« Die Freiheit, die ich gerade Minuten vorher genossen hatte, war dahin, und ich stand da, blockiert, klein und unfähig. Ich fühlte mich wie damals als Schülerin bei einer Prüfung mit einem Brett vor dem Kopf, die Erinnerungen waren ja nicht die besten. Ich war wie gelähmt und krächzte ein paar falsche Töne heraus. Bertl kommentierte dies nicht und setzte sein Training mit körperlichen Lockerungsübungen, Spiel und Spaß fort. Wir erdeten uns, indem wir uns mit beiden Beinen ins Gleichgewicht stellten, mit den Lippen »flatterten«, und plötzlich sang und improvisierte ich allein. Seine geschickte List hatte dazu geführt, dass ich mich frei und natürlich bewegte, lachte, mit der Stimme und dem Instrument experimentierte und mich dabei wohlfühlte wie schon lange nicht mehr.

Er hatte das einzig Richtige getan, indem er mich, ohne dass ich es bewusst wahrgenommen hatte, vom Kopf in den Körper leitete, ohne meine Blockade zum Thema zu machen. Das beeindruckte mich sehr und ist heute ein fundamentales Werkzeug meiner Arbeitsweise. Dieses Ereignis war vor 25 Jahren, und ich bin noch immer auf dem Weg, aber heute in dem Wissen, dass man aus unhaltbaren, tragischen Umständen aussteigen kann, mit eigener Kraft. Tatsache ist, dass jeder Mensch Blockaden hat und dies meist in den Körperbereichen, mit denen wir am meisten kommunizieren. Wenn es uns gut geht, sind diese Körperregionen frei und beweglich und bestimmen unsere individuelle nonverbale Kommunikation und Ausdrucksweise. Während manche Menschen das Gesagte mit ihren Knien unterstreichen, kommunizieren andere mit den Schultern, einer ausschweifenden Mimik oder Gestik. Andere hingegen bewegen den Körper sehr reduziert, doch die Augenbrauen tanzen und der Zeigefinger rotiert. All dies macht uns speziell, individuell, lebendig und verleiht uns eine unnachahmliche Ausstrahlung. Im Moment der persönlichen Freiheit sind wir charismatisch, leicht und lebendig und wir hinterlassen unsere persönliche Visitenkarte, die nachhaltig wirkt.

Ich finde es immer wieder spannend, meinen Seminarteilnehmerinnen die Frage zu stellen, was sie besonders gerne tun. Bereits im Moment der Fragestellung lächeln sie, lockern ihre Haltung und beginnen, leidenschaftlich darüber zu erzählen. Interessant daran ist, dass sich der Körper sofort an das Ereignis erinnert und sich genau so bewegt, als befände er sich in dem beschriebenen Moment. Und schon ist sie da, die Lebendigkeit, wie auf Knopfdruck. So einfach geht das. Wenn ich sie hingegen nach ihren Schwächen frage, wird es schwer im Raum, im wahrsten Sinne des Wortes. Alles verkehrt sich in das Gegenteil, die Stirn wird nachdenklich, der Blick senkt sich nach unten, der Körper sackt in sich zusammen, die Stimme wird tonlos, es wird nicht mehr geatmet. Der Körper nimmt im Moment des Erzählens die Haltung ein, die er in der jeweiligen Situation der Schwäche hatte, die Körpererinnerung tritt in Kraft. Tagtäglich übersetzt der Körper unsere Befindlichkeit nach außen und innen und kommuniziert das momentane oder vergangene Erleben, sei es positiv oder negativ. Der Körper denkt nicht nach, sondern reagiert unmittelbar auf unsere Impulse und kommuniziert dies der Psyche und dem Gehirn. Es findet eine ständige Unterhaltung zwischen diesen drei Protagonisten statt.

Bitte unterschätzen Sie die Einflüsse der täglichen negativen Berichterstattung und Horrorszenarien in TV und sonstigen Medien dabei nicht. All dies hat eine große Auswirkung auf unsere Befindlichkeit. Die Informationen wirken sofort, egal ob real oder erfunden. Unser Gehirn glaubt, was wir ihm vorsetzen, der Körper ist der Dolmetscher, exakt und zuverlässig. Umso wichtiger ist es, achtsam mit sich und seinen Ressourcen umzugehen, indem wir den ersten Schritt machen, um uns und unsere Ausdrucksweise besser kennenzulernen.

Das ist Ihre Chance!

Denken Sie einmal darüber nach, was Sie tun, wenn Sie spontan und überraschend in einer Notsituation eine Entscheidung treffen müssen. Bleiben Sie locker? Die wenigsten schaffen es, mit plötzlichen Änderungen, ob harmlos oder dramatisch, entspannt umzugehen. Wir neigen dazu, im Moment die Brisanz der Situation in uns aufzunehmen, was sich in einer körperlichen Blockade äußert. Wir ballen die Fäuste, spannen das Kiefer an, drücken die Knie durch, ziehen die Schultern hoch, sprechen schnell, aufgeregt und atemlos. Wie sollen wir in so einer Verfassung eine gute Entscheidung treffen? Im Gegenteil, die Situation wird noch schwieriger, da wir in diesem Zustand keine klaren Gedanken fassen können. Wir atmen nicht, suchen nach Worten, die wir in entspannten Situationen locker in unserem Repertoire haben. Die Entscheidungen, die wir in diesen Momenten treffen, bereuen wir oft im Nachhinein. Wenn wir in diesem Zustand mit anderen kommunizieren oder telefonieren, überträgt sich unsere Spannung auf das Gegenüber und die Gesamtsituation und potenziert sich in höchstem Maße. Durch diese maßlose Übertreibung wird alles noch schlimmer. Davor können Sie sich schützen, weil der Körper ungeheure Ressourcen in sich birgt. Um das limbische System im Gehirn ein wenig auszutricksen, bauen Sie die Achtsamkeit in Ihren Alltag ein. Das wird Ihnen in Notsituationen zugutekommen.

Es ist tatsächlich möglich, in schwierigen Situationen einen kühlen Kopf zu bewahren.

Dafür möchte ich Ihnen ein alltagstaugliches kleines Ritual anbieten, das Ihnen in einer belastenden Situation die Aufregung nimmt und Ihnen dabei hilft, bei sich zu bleiben, um in Ruhe Entscheidungen zu treffen.

Wenn Sie mit einer Nachricht überrascht werden, die Sie aufregt, stellen Sie sich sofort ins Gleichgewicht in Hüftbreite hin, achten Sie darauf, dass Sie im Körper locker bleiben und atmen Sie aus. Flattern Sie mit den Lippen wie ein Pferd. Bereits diese kleinen körperlichen Interventionen führen dazu, dass Sie bei sich bleiben und die Aufregung der Situation nicht übernehmen. Dann erst reagieren Sie. Sie bleiben in der Ruhe und spüren Stabilität, da Sie mit Ihren Füßen, Ihrem Fundament, gut am Boden stehen. Durch das bewusste Ausatmen bleibt Ihre Stimme entspannt, was sich auf die gesamte Situation überträgt. Sie fühlen sich stabil und strahlen dies auch aus, was in einer Notsituation dringend erforderlich ist. Diese Übungen wirken auch wunderbar gegen Lampenfieber. Probieren Sie es aus! Ich beobachte sowohl bei mir selbst als auch bei meinen Seminarteilnehmerinnen, wie wunderbar das Neutralisieren eine dramatische Situation entschärft. Es ist so einfach und wirkt großartig.

Eine Zugreise mit positiven Folgen

»Be curious and don't expect anything« – lautet ein wunderbarer Rat von Kierty Verbooy. Sei gespannt und erwarte gar nichts. Mit diesem Vorsatz gehe ich in mein nächstes Experiment, das sehr viel Mut und Überwindung erfordert, aber ich habe es Ihnen versprochen und so stehe ich zu meinem Wort. Ich mach nur noch schnell einen Mutspaziergang, dann bin ich so weit.

Ich verreise mit dem Zug und suche Menschen, die mir sehr lebendig erscheinen. Das sind wir ja alle irgendwie, aber ich halte Ausschau nach lachenden Augen, schwungvollen Hüften und lebendiger Körpersprache. Keine Ahnung, ob ich jemanden finde, denn im Moment hockt der Großteil der Reisenden hinter Laptops, tippt an Handys herum oder führt Selbstgespräche mit Kopfhörern. Wird nicht ganz leicht werden, lassen wir uns überraschen. Mein Vorsatz ist, die Augen offen zu halten und einen Menschen anzusprechen. Ich kann noch niemanden entdecken, dessen Ausstrahlung mich überzeugt, also warte ich ab.

Auf dem Weg zum WC sehe ich eine junge Nonne, die mich freundlich anlächelt. So, ich tue es, überwinde mich kurz, atme tief ein und aus, gehe zu ihr hin und spreche sie an. Verständnislos und kopfschüttelnd sieht sie mich an, gestikuliert und antwortet mir auf Italienisch. Das wird wohl nichts. Meine Italienischkenntnisse reichen gerade dazu aus, um zu grüßen, mir ein Glas Wein oder eine Pizza zu bestellen. Mit »Scusi« entschuldige ich mich und kehre peinlich berührt zu meinem Platz zurück. Hm, das war ein Fehlstart. In der Zwischenzeit hat auf der anderen Seite des Gangs ein Geschäftsmann Platz genommen, der an seinem Laptop arbeitet. Da er parallel zu mir sitzt, sehe ich ihn nicht genau. Einen kleinen Moment, ich rücke unauffällig ein Stückchen nach vor, schaue heimlich in seine Richtung und beobachte ihn. Irgendwie wirkt er locker und arbeitet sehr beschwingt an seinem Laptop. Soll ich es wagen, was meinen Sie? Irgendwie fällt es mir schwer, jemanden »einfach so« anzusprechen. Ich gebe mir einen inneren Ruck und sinke sogleich resigniert in meinen Polstersitz zurück. Warum muss ich mir so schwierige Projekte auswählen? Ich hab's Ihnen versprochen, ich mache keinen Rückzieher. Jetzt bin ich so weit, ich richte mich auf und spreche den beschäftigten Herrn an.

»Entschuldigung, darf ich Sie etwas fragen«, höre ich mich sprechen. Der Angesprochene erstarrt in seiner Aktivität und dreht sich langsam und irritiert zu mir. Bevor mich mein Mut verlässt, spreche ich schnell weiter. »Ich schreibe gerade ein Buch über die Unvernunft und Lebendigkeit, und Sie sind mir aufgrund Ihrer freundlichen Ausstrahlung aufgefallen.« Oh Gott, ist das peinlich, das klingt ja fast wie eine Anmache. Die freundliche Miene des Angesprochenen verwandelt sich in Argwohn, oje, wie unangenehm. Er sieht mich an, als hätte er ein Gespenst gesehen, und ich rede um mein Leben. Ich stelle mich namentlich vor und verwickle ihn in eine Konversation. Die Lage entspannt sich, Füße auf den Boden und durchatmen. Mein Gesprächspartner ist nun schon etwas freundlicher. Ich erkläre ihm mein Begehr und frage ihn, ob er mir ein paar Fragen für mein Buch beantworten würde. Seine ursprünglich distanzierte Art weicht einem Interesse, wie ich zu erkennen glaube. Die erste Hürde ist übersprungen, und ich stelle meine erste Frage.

»Was macht Sie besonders lebendig?«

»Ich fühle mich sehr lebendig, weil ich das tue, was mir

Spaß und Freude macht.« (Er ist noch immer misstrauisch.) »Ich bin oft sehr unabhängig in meinen Entscheidungen und arbeite gerne mit Menschen.«

»Was macht Ihnen Spaß außerhalb der Arbeit?«

»Skifahren und Mountainbiken«, kommt es wie aus der Pistole geschossen. »Ich hatte jedoch einen schweren Unfall mit Knochenzersplitterung und jetzt habe ich ein neues Schultergelenk. Unglaublich, was heutzutage alles möglich ist.«

Herr Michael Krall erzählt mir, dass er in der Finanzverwaltung tätig, politisch aktiv und Gewerkschaftsfunktionär ist. Na, so etwas, prominent auch noch. Das Gespräch wird immer entspannter, und plötzlich sagt mein Gesprächspartner, wie mutig er mein Projekt findet und dass er mein Engagement bewundere. Das ist ja eine interessante Wende. Meine Augen und Sinne sind weit geöffnet. Während des unerwarteten Gesprächsverlaufs wird mein Interviewpartner zunehmend lockerer und lässt bereits ein Bein lässig über die Polstergarnitur baumeln. Mein Blick richtet sich auf seine lebendigen braunen Augen, die sehr viel Wärme ausstrahlen. Auf die Frage nach seinen Potenzialen sagt er, dass er sehr gut mit seinen Mitarbeitern umgehen kann und jeder Situation eine Chance gibt.

Die Zeit und Fahrt vergeht wie im Flug. Während sich mein Gesprächspartner von mir verabschiedet, bittet er mich um eine Visitenkarte, da er mich für ein Seminar buchen möchte. Erstaunt gebe ich ihm meine Kontaktdaten weiter, und er sagt, dass er sich auf mein Buch freut. Ich bleibe verdattert sitzen. An diese Art der Akquise habe ich noch gar nicht gedacht. Das also entsteht, wenn man unvernünftige Dinge tut. Eine interessante Erkenntnis.

Unvernunft im Ehe-Schwimmbad

»Wieso kannst du nicht deine Sachen wegräumen, wenn ich auf Reisen bin«, zische ich genervt durch die Zähne. Reinhards Mund wird spitz, und seine Miene erstarrt. »Wir haben ausgemacht, dass wir uns darüber nicht mehr streiten. Ich habe auch zu tun, während du unterwegs bist. Jeder hat eine andere Auffassung von Ordnung.« Schweigen.

Heute betreten der … Ehemann und ich die Urtherme getrennt, da wir uns im Auto mal wieder über ärgerliche Alltäglichkeiten gestritten haben.

Während des Schwimmens weichen wir einander aus und ignorieren uns. Nach etwa 20 Minuten begegnen wir uns, da ich unauffällig immer näher in seine Richtung schwimme. Ich halte es nicht aus, wenn wir zerstritten sind. Außerdem weiß ich selbst nicht, warum ich mich nicht zurückhalten kann, obwohl ich weiß, dass diese elenden Gespräche immer so enden. Aber etwas ordnungsliebender könnte er schon sein. Da hilft nur taktisches und haptisches Handeln. Professionell mit Schwimmbrille auf dem Kopf verhält sich der verärgerte Ehemann so, als würde er mich nicht kennen, und taucht im nächsten Moment unter. Beharrlich schwimme ich neben ihm her und versuche, seine Füße unter Wasser zu erwischen. Schon habe ich seine Zehen zwischen meinen Fingern. Prustend tauchen wir beide auf und können uns vor Lachen nicht mehr halten. Schwimmbad gut, alles gut.

Holland mal anders – Martial Arts Week

Ich lade Sie nun ein, werte Leserinnen und Leser, mich bei meinem ersten großen Experiment zur Martial Arts Week nach Holland zu begleiten. Wir werden nun gemeinsam eine Woche mit den besten Kampfkünstlern trainieren. Los geht's!

Es ist so weit. Ich stehe am Flughafen in Klagenfurt und warte auf meine Freundin Elisabeth, die sich spontan entschlossen hat, ebenfalls an diesem Selbstexperiment teilzunehmen. Wir beide haben keine Ahnung, worauf wir uns da eingelassen haben, und besteigen mit mulmigem Gefühl das Flugzeug, um nach Köln zu fliegen, wo wir von Kierty und Jeannette abgeholt werden. Freudig werden wir empfangen und fahren mit ihnen gemeinsam nach Maastricht, wo sie mit ihren beiden Töchtern, die dort studieren, leben. Sie treffen noch die letzten Vorbereitungen vor der Abfahrt nach Zeeland, und es geht los. Wir fahren mit Maaike, einer Tai-Chi-Lehrerin, mehrere Stunden quer durch Holland, bis wir das Zielobjekt erreicht haben. Das gemietete große Haus, in dem wir eine Woche verbringen werden, füllt sich mit den ankommenden jungen, bestens trainierten weiblichen und männlichen Kampfkünstlerinnen. Alle scheinen sich aus ihren Trainings zu kennen, nur wir sind die großen Unbekannten. Das lässt uns jedoch niemand spüren, und sehr schnell sind wir Teil der Gruppe. Ich habe heute Geburtstag und werde mit selbst gebackenen indonesischen

Keksen und einer spontanen Gesangseinlage aller Teilnehmer überrascht. Bevor morgen die offizielle Trainingswoche vegetarisch, koffein- und alkoholfrei startet, spazieren Elisabeth und ich in den nächstgelegenen Ort, um heimlich, wie bei einem Schulskikurs, mit einem kleinen Bier auf meinen Geburtstag anzustoßen. Wir fürchten uns ein wenig davor, was auf uns zukommt, und sinnieren darüber, ob es eine gute Entscheidung war, hierherzufahren. Wie sollen wir mit diesen jungen Kampfkunstprofis mithalten, wir sind ja mindestens 15 bis 30 Jahre älter als alle anderen. Wir beschließen, vernünftig zu sein und nur bei den Yoga- und Meditationsstunden teilzunehmen, da Kung Fu, Pencak Silat, Wu Shu und die weiteren Kampfkünste für uns nicht zumutbar sind. Wir sind ja doch ein wenig zu alt dafür und müssen uns schonen. Denken wir.

1. Trainingstag – Mein Körper leidet und erinnert sich

Es ist sechs Uhr morgens, und wir werden durch einen Gong, der von Levy, einem der Martial-Arts-Trainer, der an jede Tür klopft und fröhlich »Morning« ruft, geschlagen wird, aufgeweckt. Er fordert uns auf, zum Training zu kommen. Als Aperitif trinken wir ein paar Gläser heißes Wasser, und Kierty startet mit der morgendlichen Tai-Chi-Stunde, die im Freien vor dem Haus stattfindet. Wir positionieren uns auf der Terrasse, und der Großmeister beginnt äußerst humorvoll, die Bewegungsabfolge anzuleiten. Fließend, locker und elegant sieht das aus. Bei ihm zumindest. Ich versuche, die Abfolge zu erfassen, und bemühe mich, erinnere mich aber in dem Augenblick, dass ich mit Choreografien immer schon Merkprobleme hatte, und das wirkt sofort. Wie mir scheint, kennen alle anderen Teilnehmer die Übung bereits. Kurz verliere ich den Faden, konzentriere mich und mache weiter, um mir mein Gedankenchaos nicht bereits jetzt anmerken zu lassen. Unauffällig blicke ich ganz kurz zu Elisabeth, die scheinbar kein Problem damit hat, diese Choreografie nachzuvollziehen. Ich mache weiter, ohne Rücksicht auf Verluste, und beginne, dies zu genießen, ohne meine Fehler auf die Waagschale zu legen. Na, ist ja nicht so schlimm. Sehr schnell ist die Morgeneinheit vorbei, und wir frühstücken. An einer langen Tafel gibt es Tee, heißes Wasser, Brot, Butter, Käse und Früchte. Wir essen sehr reduziert, da das Training gleich weitergeht.

Kung Fu

Elisabeth hat anscheinend unsere gestern getroffene Vereinbarung, nur bei den sanften Kampfkünsten teilzunehmen, vergessen und so steht sie, höchst motiviert, in der ersten Reihe und wartet auf die Anleitungen. So ehrgeizig kenne ich sie gar nicht. Da bleibt mir nichts anderes übrig, als auch mitzumachen. Zögernd stelle ich mich in die letzte Reihe. Ruben heißt der Kung-Fu-Lehrer, ein asiatisch aussehender junger Mann mit kräftiger Statur, dichten Augenbrauen und professioneller Mimik. Er ähnelt dem jungen Bruce Lee, und ich bin schon beeindruckt, bevor das Training beginnt.

Ruben ist ein Kraftprotz sondergleichen, der mit klaren Anweisungen das Training startet. Ich begebe mich in die letzte Reihe, und schon geht es los. Elisabeth steht an vorderster Front, trainiert intensiv und konzentriert, ihr Gesicht ist rot wie eine vollreife Tomate. Ich versuche, Augenkontakt mit ihr aufzunehmen, sie scheint mich jedoch vergessen zu haben und würdigt mich keines Blickes. Da bleibt mir nichts anderes übrig, als weiterzumachen. Ich lasse mir nichts anmerken, obwohl mich dieses Training sehr anstrengt. Meine Freundin schmeißt sich auf den Boden, rollt nach links und rechts, stemmt ihre Arme gegen den Boden, hebt ihr Eigengewicht mit ihren Armen hoch und geht plötzlich rückwärts wie eine Spinne, professionell, als würde sie sonst nichts anderes tun. Ich tue es ihr gleich und gebe meinen inneren Widerstand auf. Da ich ja unter Ihrer Beobachtung stehe, liebe Leserinnen und Leser, mache ich weiter, konsequent unvernünftig. So trainiere ich ächzend und stöhnend, rolle nach links und rechts, hebe mein Körpergewicht hoch, so weit es geht, stemme meine Arme gegen den Boden und gehe ebenfalls rückwärts wie eine Spinne, als wäre das meine bevorzugte Fortbewegungsart. Au, das tut höllisch weh, aber mitgehangen, mitgefangen. Meine Entscheidung.

Weiter geht es mit Partnerübungen. Mein Übungspartner heißt Paul, ist etwa 25 Jahre alt und zwei Köpfe größer als ich. Wir trainieren die Abwehr durch geschickte Ausweichbewegungen. Aufgrund meiner geringen Körpergröße von 160 Zentimetern befindet sich mein Kopf etwa in Höhe der Achselhöhlen meines Partners, und ich schlage in seine Richtung, irgendwo in Nabelhöhe. Gott sei Dank sehe ich mich nicht dabei, meine aber, im Gesicht des hübschen jungen Hünen ein leichtes Schmunzeln zu entdecken. Geduldig erklärt er mir die Bewegungsabläufe. Da ich nun professionell ehrgeizig bin, lasse ich mich nicht beirren und bin voll dabei, stoße, trete und falle. »Relax your shoulders«, sagt Paul freundlich. Sage ich das nicht immer zu meinen Seminarteilnehmerinnen? Es ist spannend für mich, wieder mal Schülerin zu sein, auf der »anderen Seite« zu stehen und zu lernen. Ich merke, wie mein Widerstand weiter schwindet, kein Wunder bei diesem charmanten Gegenüber. Wann hat man schon die Gelegenheit, mit solchen Profis zu trainieren? Meine Muskeln schmerzen, aber nun geht es nach ungefähr 1,5 Stunden Kung-Fu-Training gleich weiter mit Pencak Silat.

Pencak Silat

Dies ist eine südostasiatische Kampfkunst, die sehr oft in Kombination mit Musik ausgeübt wird. Neben dem unbewaffneten Kampf hat im Pencak Silat das Üben mit Waffen und Schwertern einen hohen Stellenwert, weshalb fast jeder Stil sein eigenes Repertoire spezieller Waffen besitzt.

Unterrichtet werden wir von Henry Otgaar, einem Lehrer, der an der Universität Maastricht als Professor für forensische Kriminologie tätig ist und Meister dieser Kampfkunst ist. Wie ein Filmstar betritt der kleine trainierte Kampfkünstler mit blank poliertem Haupt und tätowiertem Körper die Szenerie, posiert und zeigt wie nebenbei mit seinen Schwertern Kampfkunst edelsten Ausmaßes. Er wirft die scharf geschliffenen Schwerter mit Leichtigkeit in die Luft und fängt sie mit eleganten Bewegungen wieder auf. Nun erscheint seine Trainingspartnerin, die uns gemeinsam mit ihrem Lehrer eine Choreografie beibringen will. Die junge schöne, tätowierte Frau bewegt sich wie eine Königin, edel, elegant und elastisch. Die beiden zeigen eine gemeinsame Performance, die mich so beeindruckt, dass mein Kinn vor Staunen nach unten klappt. Das soll ich jetzt machen? Ich kann dies mit mir nicht in Verbindung bringen. Unvorstellbar. Ohne es zu bemerken, bin ich aber schon mittendrin und erlerne gemeinsam mit allen anderen die Pencak-Silat-Choreografie. Es ist, als würde mein Körper aufwachen und sich über die Kombination aus gezielt tänzerischen Bewegungen und bewusstem konzentrierten Atmen freuen. Diese Übungseinheit ist sehr schnell vorbei und hat richtig Spaß gemacht.

Mittagessen

Nach mittlerweile mehr als vier Stunden Training gibt es ein herrliches Essen, zubereitet von unserer indonesischen Köchin Patricia. Ich spüre eine überirdische Frequenz in meinem Kopf, und mir sausen die Ohren. Ich frage Elisabeth, wie es ihr nach dem Training geht, und sie antwortet: »Eh ganz gut.« Irgendwie irritiert mich das.

Energiemeridian-Massage

Weiter geht es. Nun wird es angenehm. Wir lernen in Partnerübungen, die Energiemeridiane zu massieren. Ruben, der Kung-Fu-Artist, zeigt völlig überraschend auf mich und sagt: »You, Andrea, you need my fingers.« Und schon hat er die Hände auf meinen Schultern. Auf Anleitung von Kierty beginnt er, meine Schultern zu massieren, und er erspürt im Moment meine verspannten Schwachpunkte in Schultern und Nacken. Er drückt mit seinen großen, kräftigen Fingern in meine Nackenkuhle. Au, das tut weh. Er sagt: »Andrea, you have to much tension, relax. This will help you.« Ich atme tief durch und versuche, den Schmerz wegzuatmen, ich halte durch und werde mit einem entspannten Wohlgefühl belohnt. Nun bin ich dran und darf Ruben massieren. Wie komme ich bloß mit meinen Fingern durch diesen Muskelberg? Er sagt: »Andrea, please stronger, I don't feel anything. You have to give more pressure.« »Ja, wie denn, ich komm da nicht durch!« Mit geschlossenen Augen, sichtlich unbeeindruckt, sitzt Ruben da, und ich drücke, was das Zeug hält. Nachdem ich mich durch Rubens harte Muskulatur durchgearbeitet habe, knete und drücke ich, bis sich etwas löst, und ich sehe ein zufriedenes Lächeln in seinem Gesicht. »Well done«, sagt er. »You did it well, because you felt it.« Okay, na dann, geht doch.

Yoga

Ich habe beschlossen, die nächste Trainingseinheit auszulassen, doch dann sehe ich Elisabeth mit ihrer Trainingsmatte zum Yogaraum gehen. »Das geht schon noch«, sagt sie, und ich trotte hinterher. Ich denke natürlich an Sie, liebe Leserinnen und Leser, die Yogastunde darf ich Ihnen nicht vorenthalten. Sie wollen doch schließlich etwas lernen. Jeannette erwartet uns im Yogasitz. Auch wir setzen uns mit überkreuzten Füßen auf den Boden und starten mit Dehnungs-, Atem- und Entspannungsübungen.

Jeannette arbeitet sehr konzentriert mit uns, lacht viel, was uns alle ansteckt. So wird das Training leichter, obwohl mir mittlerweile der ganze Körper wehtut. Wir trainieren 1,5 Stunden, und ich bemerke, wie sich mein Körper schön langsam an das Training gewöhnt. Es ist 18 Uhr und Zeit für das Abendessen. Bis jetzt habe ich bereits 7,5 Stunden trainiert. Ich bin stolz, dass ich noch aufrecht stehen und gehen kann und nicht aufgegeben habe. Elisabeth strahlt, und wir wissen, es geht weiter.

Abendessen

Patricia serviert eine herrliche vegetarische Suppe, es herrscht gute Stimmung an der großen Tafel, wir lachen viel und sind bereits akzeptierter Teil der Martial-Arts-Gruppe. Das fühlt sich gut an.

Meditation im Garten

Wir werden im Garten von Christopher erwartet, der mit uns eine Atemmeditation macht. Es ist lau, wir sitzen im Gras und lassen uns vom Mediationslehrer in die Ruhe und Entspannung führen. Wir machen eine Fantasiereise durch den Körper. Das fühlt sich sehr gut an, und der heutige Tag klingt wunderbar aus.

Resümee: Ich habe heute neun Stunden trainiert, und es geht mir, na ja, ganz gut.

Die Bewegung und das Trainieren sind ja nicht ganz neu für mich. Ich habe während meiner 16-jährigen Theaterzeit sehr viel trainiert, da wir über Mimik, Gestik und Körpersprache Geschichten erzählten. Da musste ich sehr beweglich sein. Um flexibel und ausdrucksstark zu sein, trainierten wir vor den Theaterproben und unseren Auftritten täglich mehrere Stunden. Mir scheint, dass der heutige Tag in Holland ein Déjà-vu für meinen Körper ist, denn er hat die harte Körperarbeit wiedererkannt und sich darauf eingestellt. Es gab einen Moment, wo ich bewusst realisierte, dass sich die Qualität meiner Bewegungen veränderte und die Übungen leichter für mich wurden. Es war, als hätte sich mein Körper aus einer Erstarrung gelöst. Das ist die Körpererinnerung, gespeichertes Zellwissen, das nicht verloren geht und uns hilft, wieder daran anzuschließen, was der Körper bereits kennt. Ich bin neugierig, wie es morgen weitergeht.

Jetzt ist mein Ehrgeiz geweckt, und Sie sind meine Zeugen. Was sagen Sie zu meiner Durchhaltekraft? Schon Lust bekommen auf Ihr Experiment? Sind Sie nächstes Jahr dabei?

Die Nacht

Zu früh gefreut. Nein, bitte nicht, ich bin ein einziger Schmerz. Ich bereue, ich kann mich nicht mehr bewegen, wälze mich hin und her und kann nicht schlafen. Gegen Morgen döse ich erschöpft ein, um kurz darauf von dem mir bereits bekannten Gong und einem fröhlichen »Morning« von Levy geweckt zu werden.

2. Trainingstag – relax!

Wieder starten wir mit Tai-Chi, Kierty sieht aus wie das blühende Leben und ist bereits am frühen Morgen bestens gelaunt. Ob das am Training liegt? Trotz der Schmerzen in der Nacht, fällt es mir heute wesentlich leichter, zu folgen. Die gestrige extreme Konzentration ist einer entspannteren Grundhaltung gewichen. Ich kann mich leichter konzentrieren und das Training genießen.

Nach dem Frühstück kommt heute ein Special Guest, der Bruder von Kierty namens Werner. Er ist Spezialist in Pencak Silat/Mande Muda. Ein sehr schöner junger, schwarzhaariger Mann, gekleidet in schwarzem edlen Trainingsgewand, tritt in Erscheinung. Er weiß, wie gut er aussieht, und posiert.

Training mit Werner

Werner leitet die nächste Übungseinheit, die drei Stunden dauert. Wir arbeiten in der Wiese mit ständig wechselnden Trainingspartnern. Peter, etwa 195 Zentimeter groß, 28 Jahre alt und Profi, versucht mit großer Geduld, mir zu zeigen, wie die Bewegungsabläufe funktionieren. Ich bemühe mich sehr, doch wie soll das gehen, wenn man ständig so hübsche junge Männer vor Augen hat? Und warum tippt er mir dauernd auf meine Schultern? Beim dritten Mal sagt er leise: »Andrea, relax your shoulders.« Schon wieder? Ja, wie denn? Eigentlich dachte ich, ich wüsste, wie ich meine Schultern entspannen kann. Es ist so surreal, wo bin ich überhaupt? Träume ich oder worauf habe ich mich eingelassen? Auf Signal wechseln wir die Partner, ich tue, was ich kann, und ständig wiederholt sich dieselbe Situation. Alle meine Partner tippen mir auf die Schulter, lächeln und sagen dasselbe: »Your shoulders, please relax.« Haben sich alle gegen mich verschworen? Was haben sie gegen meine Schultern? Ich merke, dass sie sich im Augenblick der Konzentration anspannen, was mir die Leichtigkeit und Konzentration raubt, deshalb ist mein Ziel für heute: »Please, relax your shoulders.« Nach diesem Training spüre ich sämtliche Muskeln, auch solche, die sich mir noch nie vorgestellt haben. Alles tut weh, aber ich halte durch. Elisabeth lässt sich nichts anmerken und trainiert so, als hätte sie das schon immer getan. Ich bin verwirrt, irgendwie beeindruckt und mehr als erstaunt. Ich hatte meine Freundin bisher eher als unsportlich wahrgenommen. Elisabeth, was verschweigst du mir? Jetzt will ich es aber wissen. »Woher hast du diese Ausdauer und Kondition?«, frage ich sie. Elisabeth antwortet: »Ich habe in meiner Jugend Leichtathletik gemacht«, sagt sie und verabschiedet sich in die einstündige Pause. Na super, das hat sie mir verschwiegen.

Maaike gibt nicht auf

Maaike, eine der Teilnehmerinnen, ist eine sehr zarte, große, junge Frau im Alter von 35 Jahren. Ich komme mit ihr ins Gespräch, und sie erzählt mir, dass sie Kostümbild studiert hat, ein paar Jahre an der Oper als Kostümbildnerin tätig war und mehrere Opernaufführungen ausgestattet hat. Bei Kierty absolviert sie eine Ausbildung in Tai-Chi, das sie täglich trainiert und ständig verfeinert.

Vor ein paar Jahren hatte sie einen schrecklichen Unfall, der ihr Leben mit einem Schlag veränderte. Sie landete im Rollstuhl, konnte ihre Arme nicht mehr bewegen, und die Ärzte hatten ihr prognostiziert, dass sich in puncto Rehabilitation nicht mehr viel ändern würde. »Das Leben, das ich gewohnt war, war nicht mehr da, und ich hatte das Gefühl, ich habe nichts mehr.« Maaike war am Boden zerstört und verbrachte ein Jahr im Rollstuhl. Die Therapien absolvierte sie am Anfang aus Pflichtgefühl, dann jedoch entwickelte sich in ihr ein Widerstandsgeist, den sie aus dem harten Tai-Chi-Training entwickelt hatte. »Ich musste mich entscheiden, ob ich mich mit meinem Zustand abfinde, und spürte in mir eine Kraft, die sagte: ‚Das ist mein Körper, mein Leben. Ich muss etwas damit machen. Das kann nicht sein, dass dieser Zustand bleibt. Das geht nicht. Im Moment kann ich mich nicht richtig bewegen, aber ich werde alles tun, dass was weitergeht.‘« Die junge Frau organisierte sich Therapien, die langsam ein wenig Besserung brachten. Ursprünglich war sie nicht in der Lage, ohne fremde Hilfe eine Tasse Tee zum Mund zu führen, doch durch konsequentes Training erreichte sie eine kleine Zwischenetappe, und es war ein Riesenerfolg, als sie erstmals allein eine Tasse Tee trinken konnte, ohne fremde Hilfe. Langsam stellte sich eine Besserung ein, bis sie aufstehen und ein paar Schritte mit dem Rollator gehen konnte. »Dann begann ich, wieder zu trainieren, jeden Tag ein wenig mehr. Ich machte Fortschritte und freute mich darüber, dann jedoch kam ein Monat, in dem alles wieder schlechter wurde, was mich niederschmetterte. Doch ich ließ mich nicht unterkriegen und suchte mir Strategien, diese Durststrecke zu überwinden. Ich hörte in mich hinein, dachte nach, warum ich so abbaute, und fragte mich, was ich tun kann, damit es wieder besser würde. Ich arrangierte mich mit meinem Körper, akzeptierte vorerst diese Phase und ließ ihn in Ruhe. In Meditationen ging ich in meinen Kopf und trainierte dort weiter. Diese Disziplin habe ich in der Kampfkunst gelernt, was meine Rettung war, sonst wäre alles anders verlaufen. Das Mindset in den Martial Arts ist, an seine Grenzen zu gehen und den Mut zu entwickeln, darüber hinauszugehen. Laut meiner Ärzte, Familie und Freunde verhielt ich mich sehr unvernünftig, weil ich im Training ständig die Grenzen ausreizte. Ich sagte mir, wenn ich gestern fünf Meter gegangen bin, dann schaffe ich heute sechs

Meter, und das ist dann *mein* Meter. Niemand glaubte, dass ich es schaffen würde. Wenn ich dann jedoch die Grenzen überwunden und mein Ziel geschafft hatte, dann war das ein Triumph. Ich fühlte mich wie Superwoman.«

Maaike schaffte es nach ein paar Jahren, den Rollator hinter sich zu lassen und wieder selbstständig zu gehen. »Ich bin bei mir selbst geblieben und habe für mein Leben gekämpft. Immer wieder sagte ich mir: ‚Du kannst das.' Ich realisierte, dass man, wenn man im Leben etwas wirklich möchte, die Kraft dazu hat. Ich habe nicht aufgehört, zu arbeiten, und ausgeblendet, was die restliche Welt zu mir sagte.«

Mittlerweile sind ein paar Jahre vergangen. Maaike ist am Weg zur vollkommenen Genesung. Sie hilft, Tai-Chi zu unterrichten, und illustriert Kinderbücher.

Diese Begegnung mit dieser sensiblen Kämpfernatur hat mich sehr beeindruckt, und wir planen für die Zukunft eine künstlerische Kooperation.

2. Trainingstag – Training à la AnLaKa

Nach der Mittagspause setzen wir unser Training fort, das bis zum Abend ohne Pause weitergeht. Ich merke, dass ich mittlerweile ganz gut folgen kann, obwohl ich Muskelschmerzen im ganzen Körper spüre, aber es fühlt sich schon viel besser an. In der Bewegung meine ich, eine Stimme in mir zu hören, die sagt: »Endlich bewegst du dich wieder, wie es dir entspricht.« Ich kann mich aber auch verhört haben. Sie müssen sich jedenfalls keine Sorgen um mich machen.

Am Abend unterhalten wir uns mit den Teilnehmern und Lehrern. Kierty erzählt, dass er in einem Training bei mir in Österreich war und meine Arbeitsweise kennengelernt hat, die sehr viel Leichtigkeit bringt. Ruben, der Kung-Fu-Lehrer, nimmt mich beiseite und fragt mich, ob ich ihm helfen könnte, mit weniger Kraft zu arbeiten, er spürt manchmal zu viel Spannung in sich.

Während des Abendtrainings, das Kierty auf der Terrasse leitet, übergibt er mir die Leitung, und ich arbeite spontan mit allen Teilnehmern daran, ihren eigenen Rhythmus zu finden. Ich erkläre, dass die Terrasse aus drei Zeitzonen besteht, die ich räumlich definiere. In der ersten Zeitzone erfolgen alle Bewegungen in Zeitlupe, in der zweiten Zeitzone bewegen sich alle im natürlichen Rhythmus und die dritte Zeitzone ist schnell und hektisch. Jeder der Teilnehmer positioniert sich in einer dieser drei Bereiche und bewegt sich darin, nachdem ich das Startzeichen gegeben habe. Auf mein Klatschen hin wechseln die Teilnehmer die Zonen nach Belieben. Nach mehrmaligen Wechseln zwischen den unterschiedlichen Tempi, bitte ich sie, stehen zu bleiben und sich zu erden, indem sie sich im Gleichgewicht einrichten. Danach gehen alle in ihrem eigenen Rhythmus los. Durch das Wechseln der Körper durch sämtliche Zeitzonen, haben sie sich genau die Mitte ausgesucht, die dem Wohl der Übenden entspricht. Das Ergebnis ist eine wohltuende Entspannung. Am Ende der Übung werde ich mit Applaus und strahlenden Gesichtern belohnt. Ruben kommt nach dem Training zu mir und bedankt sich. Er sagt, dass er sich schon lange nicht mehr so frei und locker gefühlt hat. Am Abend fragen mich die Teilnehmer, ob ich morgen eine Nachmittagseinheit übernehmen würde, da mein Zugang für sie neu sei und sie gerne mehr darüber wissen wollen. Na dann, warum nicht? Spannend für mich ist, wie kompatibel meine AnLaKa-Methode mit den Martial Arts ist. Wenn ich noch ein wenig Freiheit einbringen kann, freut mich das. Es kommt zumindest mehr als überraschend, ungeplant. Nach diesem Tag falle ich todmüde ins Bett und kann durchschlafen, mein Körper und die gesamte Muskulatur sind aber bis in die letzte Faser spürbar.

3. Trainingstag – alles im Fluss

Am nächsten Morgen praktizieren wir wieder Tai-Chi, und ich kann der Abfolge der acht Brokatübungen folgen, ohne nachzudenken. Erstmals spüre ich einen Fluss bei der Übung.

Ruben leitet anschließend die Kung-Fu-Einheit und er ist wie ausgewechselt. Seine Gesichtszüge sind entspannt, und er führt mühelos und klar, was sich sofort auf uns überträgt. Wir können ihm leichter folgen und genießen diese Einheit. Ruben sagt mir nach der Übung, dass er mit weitaus weniger Kraftanstrengung arbeitet und sich locker fühlt wie schon lange nicht mehr, und bedankt sich für die Hilfestellung am Vorabend.

Am Nachmittag darf ich mit allen Teilnehmern arbeiten. Ich zeige den Kampfkünstlerinnen, wie sich optimales Gehen auf die Körperlichkeit und die entspannte Grundhaltung auswirkt. Eine fröhliche Stimmung breitet sich unter den Teilnehmern aus, es wird viel gelacht, was ein wichtiger Teil meiner Arbeit ist, als wir die Haltungskarikaturen auf der großen Wiese ausprobieren, und ich meine, das Lachen der Köchin Patricia aus der Küche zu hören. Ich bin glücklich.

Weitere Trainingstage – Lebendigkeit

Die nächsten Tage vergehen wie im Fluge, und ich spüre eine große Lebendigkeit in mir. Das abwechslungsreiche Training macht mir großen Spaß, obwohl ich auch meine Grenzen spüre, die ich jedoch akzeptiere. Ich fühle eine große Neugier in mir, da ich von Stunde zu Stunde durch neue Übungen und Aktivitäten überrascht werde, mein inneres Kind lacht laut. Die anfängliche leichte Skepsis der anderen Teilnehmer Elisabeth und mir gegenüber ist einem großen

Respekt gewichen, und wir fühlen uns nun als akzeptierte Teile der Martial-Arts-Gruppe. Wir beide fühlen uns um 20 Jahre jünger und strahlen um die Wette. Wir bemerken auch eine positive körperliche Veränderung. Das intensive Training, die gesunde Kost, das Wassertrinken, der Verzicht auf Alkohol und Süßigkeiten führen dazu, dass unsere Körper definierter werden, unsere Augen strahlen und sich das eine oder andere Speckröllchen in Wohlgefallen auflöst. Ein schöner Nebeneffekt.

Heute schlafe ich durch und wache frisch und munter auf.

Nach dem gewohnten morgendlichen Tai-Chi leitet Levy, ein Neffe von Jeannette, eine Trainingseinheit namens »Power-Tai-Chi«. Das ist eine sehr dynamische Tai-Chi-Form, die hauptsächlich am Boden stattfindet und dem Streetdance ähnelt. Wir heben unser Eigengewicht mit unseren Armen hoch und machen mehr als komplizierte Figuren am Boden. Ich bin erstaunt darüber, dass ich mithalten kann, und ich genieße dieses Training. Ich könnte ewig weitermachen, aber gleichzeitig merke ich, wie beansprucht meine Armmuskulatur ist.

Nach der Mittagspause bittet uns Maaike, unsere Trainingssachen einzupacken, um am Strand zu trainieren. Wir fahren mit dem Auto ans Meer, das heute sehr stürmisch ist. Unsere Trainerin packt verschiedenste Seile, kleine Fahnen, Sandspielzeug und weitere Utensilien aus und erklärt uns, dass wir jetzt nicht trainieren, sondern »landart« machen. Unter ihrer Anleitung ziehen wir Kreise im Sand, stecken Fähnchen hinein, bauen Sandburgen, und so entsteht ein Kunstprojekt, bei dem alle begeistert mitmachen. Es ist kühl, regnerisch, und der Wind bläst sehr stark, was unserem Spieltrieb keinen Abbruch tut. Hier tummeln sich Menschen aller Altersgruppen, vieler Nationalitäten, die selbstvergessen spielen und mit viel Freude an diesem Landartprojekt mitmachen. Mittlerweile denke ich gar nichts mehr und genieße es, ein Teil dieser großartigen Gruppe zu sein,

e offen ist für all das, was uns angeboten wird. Mich fas-
.inieren die Hingabe und die glücklichen Gesichter, meines eingeschlossen. Meine Mundwinkel gehen gar nicht mehr nach unten, und ich wünschte, dass diese Woche nie mehr zu Ende geht. Ich weiß nicht, wann ich das letzte Mal so selbstvergessen gespielt und trainiert habe. Am späten Nachmittag kehren wir mit roten Backen in unser Haus zurück und essen zu Abend. Anschließend leitet Jeannette noch eine Yogaeinheit, die mittlerweile unverzichtbar geworden ist.

Jeannette lacht viel, ist aber gleichzeitig sehr konzentriert bei der Sache. Nach dem Training frage ich sie, ob sie mir eine Übung zeigen kann, die uns lebendig macht.

Übungen zur Lebendigkeit

Nun, extra für Sie, liebe Leserinnen und Leser. Ich stelle Ihnen die Übungen vor, die Ihnen Ihre Lebendigkeit wiedergeben.

Übung 1: Diese Übung führen Sie im Liegen durch. Heben Sie das Unterkiefer nach oben und atmen Sie durch die Nase ein. Danach atmen Sie durch den Mund aus und lassen dabei das Kiefer fallen. Dies wiederholen Sie mehrmals.

Danach heben Sie das Unterkiefer nach links oben und atmen währenddessen durch die Nase ein. Beim Ausatmen durch den Mund lassen Sie es wieder fallen. Dies wiederholen Sie auf der rechten Seite. Wechseln Sie diese beiden Übungen mehrmals ab.

Übung 2: Diese Übung erfolgt ebenfalls im Liegen. Sie halten mit beiden Händen das Unterkiefer fest und öffnen das Oberkiefer weit und atmen dabei ein. Beim Ausatmen schließen Sie das Kiefer.

Auch diese Übung können Sie nach links und rechts in halben Kreisen machen.

Das Ziel ist, dass Sie gähnen müssen. Das macht lebendig.

Übung 3: Sie liegen am Boden, heben die Hände und Füße an und schütteln sie kräftig durch. Wenn Sie Lust haben, lassen Sie die Stimme dazukommen und tönen ein »Om«.

Nach diesen Übungen ist Ihr Körper warm und lebendig. Ich habe sie in meinen Tagesablauf eingebaut, und die Wirkung ist herrlich. Viel Spaß dabei!

Ausklang und spannende Einsichten

Das Ende der Martial Arts Week naht. Am letzten Tag absolvieren wir wie selbstverständlich unsere täglichen Einheiten. Am Nachmittag gibt es noch eine Überraschung. Christopher, ein Psychologe, unternimmt mit uns eine Kräuterwanderung durch die Dünen. Ich wusste gar nicht, dass es in dieser Gegend überhaupt Kräuter gibt. Da ich die Eindrücke dieser Woche niederschreiben will, lasse ich heute diese Einheit aus. Elisabeth geht mit und berichtet mir anschließend begeistert davon.

Am letzten Abend kochen wir mit Patricia mehrere indonesische Nachspeisen. Die Teilnehmer kneten und rollen den Teig und befüllen ihn. Alle helfen mit, wir essen das letzte Mal gemeinsam und genießen die letzten Stunden um den großen Tisch. Wehmut macht sich breit. Meine Freundin Elisabeth Monder ist eine großartige Soulsängerin und singt zu Ehren unserer Köchin »Natural Woman« unplugged. Patricia ist gerührt, und alle applaudieren. Ein wunderbarer Abschluss. Zu guter Letzt bedankt sich Kierty noch bei allen Lehrern und Teilnehmern für diese Woche, und unsere Heimreise naht.

Am Abend unterhalte ich mich noch mit Kierty und versuche, ihm Unvernünftiges und Lebendiges zu entlocken.

»Was heißt Martial Arts Week eigentlich?«

»Martial Arts Week heißt, dass man eine Woche lang, von morgens bis abends in verschiedenen Kampfkünsten, aber auch in Yoga, Tai-Chi, Massage und Mindfulness Übungen machen kann und dann genügend Information bekommt, um ein Jahr damit zu arbeiten.«

»Du bist ja ein Großmeister in Kampfkünsten – wie ist dein Zugang dazu, dieses Können an Ungeübte wie mich weiterzugeben?«

»Ich bin kein Spezialist, ich mache nur meine Sache. Man bringt den Leuten nichts bei, wenn man sich als Lehrer erhöht. Ich baue die Übungen so auf, dass sich jeder etwas herausholen kann und dabei lernt. Wenn jemand nicht gut gehen kann, weil er Schmerzen in den Beinen hat, dann muss man die Übung so verändern, dass auch dieser Mensch mitmachen kann. Es geht nicht um meine Entwicklung. Ich trainiere für mich allein und nicht für die anderen. In dieser Woche bin ich dazu da, den anderen etwas beizubringen.«

»Was bedeutet für dich Unvernunft?«

»Es ist die Liebe. Wir alle wünschen uns die Liebe, obwohl wir wissen, dass sie von so viel Verletzlichkeit und Unvorhergesehenem begleitet wird. Und wenn wir das Glück haben, sie erfahren zu dürfen, dann sind wir ganz lebendig und wir machen Dinge, die uns sonst in unseren Träumen nicht einfallen würden. Ist doch schön, unvernünftig zu sein.«

»Wann warst du unvernünftig?«

»Ich bin in meinem Leben ständig unvernünftig. Ich war 20 Jahre alt, und wir waren in Spanien auf verschiedenen Festen engagiert, um Drachen steigen zu lassen. Wir zogen von Stadt zu Stadt und verdienten so unser Geld. Doch dann kam eine Schlechtwetterperiode, und da wurden alle Veranstaltungen abgesagt. So standen wir plötzlich ohne Geld da. Wir waren mitten in Spanien, hatten nichts zu essen, zu schlafen und kein Geld, um zu tanken. Ich sagte nach kurzem Nachdenken zu meinen Kollegen: ‚Ich gehe jetzt zu dieser Kneipe und werde die Leute massieren.' Alle haben mich gefragt, ob ich verrückt sei, und sie versuchten, mich an meinem Vorhaben zu hindern, indem sie auf mich einredeten. Sie rieten mir, das sein zu lassen, da mich niemand verstehen würde. Keiner konnte sich vorstellen, dass mein Plan funktionieren würde. Ich ging jedoch in die Kneipe und stellte mich vor: ‚Hallo, ich bin Kierty, ich sehe, du hast Kopfschmerzen', und schon habe ich den Koch massiert. Innerhalb von einer Stunde habe ich fünf Leute mit unterschiedlichsten Schmerzen durchgeknetet. Das habe ich den ganzen Tag fortgesetzt, und am Ende des Tages konnten wir davon leben, essen und trinken.

Ohne das Chaos kann man die Ordnung nicht sehen. Wir müssen lernen, die Möglichkeiten im Leben zu sehen. Mein Lehrer zeigte mir einmal einen Würfel von sechs Seiten und fragte mich, wie viele Seiten der Würfel hat. Ich antwortete darauf: ‚Sechs Seiten.' Er schubste mich und forderte mich auf, genauer hinzusehen. Verunsichert sagte ich: ‚5?' Wieder schubste er mich und ich antwortete zögerlich: ‚7?' Nach jeder Antwort gab er mir einen weiteren Schubs und forderte mich erneut auf, genauer hinzusehen. Er sagte: »Wenn du den Würfel aus verschiedenen Dimensionen betrachtest, siehst du ihn jedes Mal anders. Dadurch gibt es unendlich viele Möglichkeiten. Dein Gehirn suggeriert dir, dass es nur sechs Seiten gibt. So schau nicht nach den sechs Seiten, sondern nach den Millionen Möglichkeiten, die dazwischenliegen, und sag nicht: ‚Das ist es.' Nein, es ist so viel mehr möglich. Wenn man nur auf der Autobahn fährt, sieht man niemals die Natur. Man muss auch einmal abbiegen, dann sieht man, wo es langgeht.«

»Wann fühlst du dich besonders lebendig?«

»Ich arbeite ständig mit Menschen und der Natur zusammen und da bekomme ich Energie. Wenn ich die Sonne oder den Regen betrachte, gibt mir das Energie. Die Veränderungen in der Natur sind eigentlich auch Chaos. Unser Leben besteht aus Ordnung und Chaos: Ordnung ist nur möglich, weil Chaos besteht, und umgekehrt ist es dasselbe. Das ergibt eine Reflexion, die lebendig macht. Das macht frei. Ich kann mir nicht ständig vornehmen, in einer Ordnung zu leben, da diese ohnehin immer gestört wird. So muss ich reagieren, womit ich gerade konfrontiert werde, und das macht mich lebendig. Wenn ich ständig irgendwelchen Dingen hinterherlaufe, verliere ich mich. Dann bin ich nicht frei, das geht so nicht.

Wenn wir aber unsere Augen bewusst öffnen, fokussieren und hinschauen, dann kann man das Glück erkennen, anders nicht. Jeder Tag ist neu, und wenn wir uns entscheiden, ihn mit neugierigen Augen zu betrachten, werden wir auch Spaß daran haben.«

»Welche Rolle spielt die Gewohnheit in deinem Leben?«

»Für mich bedeutet Gewohnheit Langeweile. Sie nützt mir nur, wenn ich etwas mache, um mich zu verbessern. Wenn dies aber zur Routine wird, und du jeden Tag dasselbe tust, wird dein Geist dumm und faul, und du denkst nicht mehr ‚out of the box'. So wird die Box immer kleiner und kleiner und enger und enger. Irgendwann hast du den Punkt erreicht, wo man nur noch draufpusten muss, und dann ist auch dieser Punkt weg. Wir müssen uns Raum schaffen, indem wir nach rechts, links, nach oben und unten sehen, dann bekommen wir Raum und können uns frei bewegen. So erleben wir eine Welt voller Überraschungen.

Es ist wie bei einem Stein oder Baum. Wenn der Baum stark und starr ist, dann bricht er bei Unwettern und Stürmen. Bleibt er aber locker und beweglich, dann hat er in alle Richtungen viel mehr Kraft. Bei uns Menschen ist das ganz gleich. Wenn ich nur einen Rhythmus und die ewig gleiche Routine, jeden Tag dieselben Gewohnheiten habe und davon nicht abweiche, fast wie ein Autist, werde ich sehr schnell aus der Balance geraten, ich bin sehr zerbrechlich. Je offener, je flexibler ich bin, umso mehr kann ich ertragen, ohne mich selbst zu verlieren. Für viele Menschen bedeutet eine Veränderung der Routinen, sich zu verlieren, sich einen Zentimeter außerhalb der Balance zu bewegen, den Verlust ihrer Flexibilität. Bewegliche Menschen hingegen kann man zehn Meter aus der Balance bringen, und sie werden sich noch immer wohlfühlen. Das zu wissen, hilft sehr. Die Gesellschaft redet uns Menschen ein, dass wir Angst haben müssen. Man darf Angst haben, aber wir sollten auch den Mut entwickeln, diese zu überwinden. Man braucht keine Kampfkunst, um den Mut zu stärken. Mut hat jeder, er muss nur herausgeholt werden. Wenn ich mal einen Schlag bekomme, dann sage ich: »‚Na und?' Wir haben Angst vor Schmerzen, wir haben Angst vor Rückschlägen, vor Fehlern, wir haben Angst vor jeder Situation und somit Angst vor dem Leben. Auch ich habe manchmal Angst und da frage ich mich, warum? Muss ich die haben? Nein, warum bist du so dumm? Weil ich bin, wie ich bin.«

Am nächsten Morgen packen wir alles zusammen und fahren mit Christoph, dem Meditationslehrer, mit, der uns am Bahnhof in Mönchengladbach absetzt, damit wir mit dem Zug weiter nach Köln fahren können. Wir übernachten im Flughafenhotel in Köln und beenden die gelungene Woche mit ein paar Gläsern Wein.

Fazit am Ende: Wir verbrachten eine Woche mit Menschen aus verschiedensten Kulturen, die wir vorher nicht gekannt haben. Wir arbeiteten intensiv miteinander, spielten, experimentierten und lachten. Es gab keinerlei Streit oder Spannungen, obwohl wir beinahe rund um die Uhr zusammen waren. Wir alle halfen zusammen, übten uns in Geduld und entwickelten uns weiter.

Ich nehme mir aus dieser Erfahrung sehr viel an Inspiration mit und freue mich schon auf die weitere Umsetzung in meinem täglichen Leben. Danke, dass Sie dabei waren, und ich hoffe, Sie hatten genauso viel Spaß wie ich, und ich habe Sie nicht überfordert.

Wie unvernünftig und gleichzeitig unverzichtbar die Liebe in unserem Leben ist, erzähle ich Ihnen in der folgenden Geschichte.

Frau Brenner und die Liebe

Im Rahmen meiner Beschäftigung mit dem Alter erhielt ich den Auftrag, eine Theaterperformance mit alten Menschen im Mölltal zu entwickeln und aufzuführen.

Bei einem meiner ersten Besuche im Altersheim, als ich versuchte, alte Menschen für das Projekt zu begeistern, begegnete ich Frau Brenner, einer alten Dame von 96 Jahren, die im Rollstuhl saß. Sie hatte ein verschmitztes Lächeln und beobachtete mich, wie ich mit den verschiedenen Heimbewohnern sprach. Als ich ein Gespräch mit ihr begann, war sie höchst erstaunt, dass ich mit den alten Leuten Theater spielen wollte. Sie sagte: »Wer interessiert sich denn noch für uns oder für das, was wir zu sagen haben?« Ich antwortete ihr, dass sie ja bestimmt viel zu erzählen habe, und sie freute sich darüber. Frau Brenner entschloss sich, bei den Theaterproben teilzunehmen, ohne zu wissen, was sie erwartete, behielt sich aber vor, aussteigen zu dürfen, wenn sie wollte.

Bei den ersten Proben versuchte ich, herauszufinden, was die Teilnehmer gerne erzählen möchten. Nach langem Hin und Her war es klar. Die alten Menschen wollten im Stück über die Liebe erzählen. Alle waren sich darin einig. In langen Gesprächen und Theaterimprovisationen erzählten sie, wie sehr sie sich kränkten, dass man ihnen die Liebe nicht mehr zugestand, die Liebe zwischen Mann und Frau. Sie wollten im Stück erzählen, dass auch sie sich noch manchmal verliebten oder gerne einer hübschen Frau oder einem Mann hinterhersehen wollten, ohne schief angesehen zu werden. Wenn sie ihre Gefühle öffentlich zeigten, wurde ihnen klargemacht oder gezeigt, dass es sich in diesem Alter nicht schickt, sich so unpassend zu benehmen. Verliebtheit oder Schwärmerei sollten doch den jüngeren Semestern vorbehalten bleiben. Frau Brenner erzählte, dass ihre Verwandten peinlich berührt zur Seite blickten, wenn sie über das Thema Liebe sprach, und so beschloss sie, zu schweigen.

Wir stellten uns in der Gruppe die Frage, ab welchem Alter Liebe unvernünftig wäre, und wer diese Regel niedergeschrieben hätte. Nachdem wir keine Antwort darauf fanden, einigten wir uns darauf, im Theaterstück über die Sehnsucht alter Menschen nach Liebe zu erzählen. Alle Teilnehmer kamen begeistert zu den Proben, und unser Ziel, ein eigenes Stück zu entwickeln, belebte alle, auch wenn uns der Tod einiger Teilnehmer während der Zeit der Erarbeitung sehr nachdenklich stimmte. Doch der Wille war groß, und so schritten wir auf die bevorstehende Premiere zu. Da einige Schauspieler Probleme hatten, sich die Texte zu merken, achtete ich darauf, das Stück so zu entwickeln, dass die Darsteller ihre Geschichten über den Körper in Kombination mit Musik, Bewegung, Bildern und wenig Text erzählen.

Ein älteres Pärchen spielte eine Szene aus seiner Jugend. Es fuhr mit dem Fahrrad auf der Bühne herum, der Herr lenkte, und die Dame saß elegant seitlich auf der Stange, so, wie es früher war. Andere bestachen durch Witz, zerbrechliche Poesie und Komik. Und Frau Brenner? Sie erzählte die Geschichte ihrer ersten Liebe. Da sie sich die Texte nicht merken konnte, beschloss ich, sie einfach erzählen zu lassen. Das hatte Charme und rührte unser Herz. In dem Moment, in dem sie sich erinnerte, wurde sie ganz lebendig und jung, richtete sich auf, ihre Augen glänzten, ihre Lippen lächelten, und sie erzählte, sang und lachte. Sie war in dem Moment alterslos. Ihre Erzählung war so berührend und lieferte die Initialzündung für das gesamte Theaterstück.

Am Tag vor der Premiere fand die Generalprobe auf der Bühne im Gemeindesaal mit Licht und Ton statt. Alle waren sehr aufgeregt, und die Aufführung begann. Frau Brenner war auffallend ruhig und saß mit geschlossenen Augen in ihrem Rollstuhl. Das Stück begann, und wie ausgemacht fragte ein neunjähriges Mädchen, das mitspielte, Frau Brenner, ob sie denn schon einmal verliebt gewesen wäre. Die alte Dame antwortete mit geschlossenen Augen: »Ich will sterben.« Ich erstarrte, wie vom Blitz getroffen. Das kleine Mädchen ließ sich jedoch nicht beirren und lockte die alte Frau schließlich doch noch aus der Reserve.

Die Vorführung nahm ihren Lauf und funktionierte trotzdem. Nach dem ersten Schock kamen wir zu dem Schluss, dass es mit 96 Jahren durchaus legitim sei, sterben zu wollen, und so hofften wir auf eine gelungene Premiere.

Leicht angespannt saßen wir am Tag der Uraufführung im ausverkauften Saal und harrten der Dinge. Als es dann zur entscheidenden Frage kam, richtete sich Frau Brenner auf, schmunzelte und erzählte die Geschichte ihrer ersten Liebe, sie strahlte und genoss ihren Auftritt. Das Stück wurde sehr gut angenommen, erheiterte und berührte die Zuseher. Die Schauspieler waren stolz, wurden gefeiert und fühlten sich prächtig.

Splitter am Rande: Als ich noch einmal den Moment der Generalprobe gedanklich Revue passieren ließ, glaubte ich, mich daran zu erinnern, dass Frau Brenner nach ihrer Aussage: »Ich will sterben«, ein Auge kurz öffnete, unsere Reaktion abwartete und schmunzelte.

Was mir auf meiner bisherigen Reise zum Thema Unvernunft auffällt, ist, dass all die Leute, denen ich begegnet bin, auf irgendeine Weise sehr wendig und beweglich in ihrem Körperausdruck waren. Alle hatten ein kleines Bewegungsprogramm, sogar Frau Brenner absolvierte ihre täglichen Dehnungsübungen im Rollstuhl, bewegte ihr Becken hin und her, und ihre Augen strahlten mehr als lebendig. Weiters zeichnen sich all die Portraitierten durch viel Humor und einen gewissen Grad an Selbstironie aus, das heißt, sie konnten sehr gut über sich selbst lachen.

Die Augen als Spiegel der Seele

Ich erzählte Ihnen ja bereits, wie wichtig ein lockeres Becken ist, denn da sitzt die Lebendigkeit, und ich sehe in meinen Seminaren sehr oft, was eine Beseitigung dieser Blockade Positives zum Vorschein bringt. Die Menschen werden in ihrer Gesamtausstrahlung im wahrsten Sinne des Wortes strahlend und sehen um Jahre jünger aus. Umso erstaunlicher ist es, wie wenig wir darüber Bescheid wissen. Immer wieder werde ich gefragt, was denn der Körper mit »Business« zu tun hat. Da fehlen mir ehrlich gesagt die Worte! Wie können wir glauben, dass nur der Kopf in einer Besprechung vorhanden sein muss, der Körper aber Mangelware ist?

Ein wichtiger Bereich, wo man sofort sieht, ob ein Mensch mit sich und seinem Leben zufrieden ist und auch in der Lage ist, dies zu genießen, sind die Augen. Auch dazu erzählte Kierty Interessantes:

»Die Augen sind der Spiegel der Seele, sagen die Araber. Wenn sie Meetings haben, haben sie Sonnenbrillen auf, damit man ihnen nicht in die Augen sehen kann. Ich finde das schrecklich. Man sieht an den Augen, ob ein Mensch wirklich bewusst lebt. Wenn man nur eine bestimmte Haltung hat und den Kopf nicht dreht, dann passiert nichts, dann geht nichts in den Kopf hinein. Wenn sich aber die Augen vergrößern und verkleinern, wenn sie links und rechts schauen, sich bewegen, dann spürt man, dass diese Person lebendig ist. Wenn die Augen ständig nervös in alle Richtungen sehen, ist die Person unfokussiert. Wenn wir aber bewusst den Kopf drehen, uns jedes Mal neu fokussieren und bewusst hinsehen, dann sind wir lebendig. Menschen mit einer starren Haltung und Lebenseinstellung bewegen die Lider und die Muskeln rund um die Augen nicht, so bleibt die Mimik unbeweglich. Wenn sich die Leute aber drehen, hoch und tief, rechts und links schauen und sich jedes Mal wieder scharf stellen auf das, was sie sehen, sehen sie auch wirklich. So hat man Lebendigkeit, ein Sein in den Augen, man ist da. Ein bloßes ‚Anschauen' ist oberflächlich. Mit geöffneten fokussierten Augen sehen wir direkt in das Herz eines Menschen und wir erkennen die Natur der Dinge.«

Wie wichtig es ist, bewusst zu schauen und seiner Intuition zu vertrauen, veranschaulicht die folgende berührende Geschichte einer jungen Medizinstudentin, die an die Kraft des Überlebens glaubte, entgegen aller sonstigen Prognosen.

Die Hoffnung stirbt zuletzt

Vor etwa zwei Jahren hielt ich um sieben Uhr morgens einen Kurzvortrag vor einer Gruppe von selbstständigen Geschäftsleuten zum Thema »Gehen und Handeln im Geschäftsleben«.

Nach dem Vortrag sprach mich eine sehr freundliche Dame mit bernsteinfarbenen, sehr lebendigen Augen an und sagte, dass sie meine Ausführungen sehr interessant gefunden hatte und sich gerne mit mir unterhalten würde. Das setzten wir gleich in die Tat um, und sie erzählte mir, dass sie Gynäkologin und ganzheitliche Medizinerin sei. Wir unterhielten uns zwei Stunden angeregt über Körperpotenziale, die Wechselwirkung von Körper und Psyche und den Chancen, dies bewusst zu nutzen. Die Ärztin war lange in Amerika in der Forschung tätig gewesen und hatte sich daraufhin entschlossen, sich auch mit alternativen Methoden, mit anthroposophischer Medizin zu beschäftigen. Wir unterhielten uns blendend und so beschlossen wir, uns wiederzutreffen. Das war der Beginn einer wunderbaren Freundschaft.

Bei einem gemeinsamen Abendessen erwähnte ich mein Buchprojekt, und die Ärztin erzählte mir eine Geschichte, die sie selbst erlebt hatte, und die mich sehr berührte.

Elisabeth war 23 Jahre alt, studierte Medizin und lernte gerade für ihre Pathologieprüfung. Da sie sich mit dem Krankenhausalltag vertraut machen wollte, folgte sie ihrem Wunsch, etwas Sinnvolles zu tun, und bewarb sich in einem Krankenhaus für die ehrenamtliche Betreuung krebskranker Kinder. Bei der ersten Besprechung trafen sich alle Freiwilligen mit den zuständigen Ärzten und Krankenschwestern, und die Studenten wurden mit den Krankendaten der zu betreuenden Kinder vertraut gemacht. Neben vielen anderen schwer kranken Patienten wurde auch über den 12-jährigen Walter gesprochen, der nach Meinung der Mediziner keine Betreuung mehr benötige, da er »ohnehin bald sterben werde«. Elisabeth war sehr betroffen und bestand darauf, den kleinen Jungen betreuen zu dürfen. Sie erhielt die Antwort: »Das hat keinen Sinn, der überlebt höchstens noch vierzehn Tage.« Diese Aussage erschütterte die Studentin sehr, doch sie ließ sich trotz ihres jungen Alters nicht beirren und kämpfte dafür, Walter in dieser schweren Zeit beizustehen.

Am ersten Besuchstag betrat sie das Krankenzimmer und fand einen schwer kranken, bis auf die Knochen abgemagerten Jungen vor, der vor sich hindämmerte und keinerlei Reaktionen zeigte. Elisabeth setzte sich hin, streichelte seine Arme, saß neben seinem Bett und lernte gleichzeitig für ihre bevorstehende Pathologieprüfung. Tag für Tag besuchte sie ihn, las ihm vor und streichelte ihn. Bereits nach wenigen Tagen zeigte Walter die ersten Reaktionen und lächelte sie an. Unbeirrt setzte die junge Studentin ihre täglichen Besuche fort, da sie den Lebenswillen des Patienten spürte und an sein Überleben glaubte. Nach kurzer Zeit stabilisierte sich der Zustand des Buben ein wenig, und er bat Elisabeth, ihm Geschichten vorzulesen und ihm etwas vorzusingen. Die junge Frau kam seinen Wünschen nach, und bald wurde der Bub kräftiger und sie spielten Karten miteinander. Mittlerweile war bereits ein Monat vergangen, und der Junge erholte sich und kam immer mehr zu Kräften.

Die Eltern des Buben wohnten sehr weit entfernt, mussten ihrer beruflichen Tätigkeit nachgehen und konnten ihn deshalb nur am Wochenende besuchen. So konnte der kleine Patient die täglichen Besuche der Studentin kaum erwarten.

Schließlich stand Weihnachten vor der Tür, und im Krankenhaus fanden kleine Adventkonzerte für die Patienten statt. Als eine Bläsergruppe mit Trompeten und Posaunen ein Ständchen darboten, sagte Walter, der ebenfalls Trompete lernte: »Zu Ostern werde ich für die kranken Kinder spielen.«

Die Zeit verging, und Walters Gesundheitszustand verbesserte sich kontinuierlich. Zu Ostern war er bereits so stabil, dass er tatsächlich mit seiner Trompete ein Ständchen für die anderen Patienten darbieten konnte. Walter wurde gesund.

Mittlerweile ist er 40 Jahre alt, verheiratet und hat zwei Kinder. Elisabeth war zu seiner Hochzeit eingeladen.

Elisabeth erzählte mir, dass Walter heute ebenfalls ehrenamtliche Besuchsdienste bei krebskranken Kindern im Krankenhaus macht, um den Patienten die Lebendigkeit und Hoffnung zurückzugeben, die er erfahren durfte.

Unvernunft kann lebensrettend sein

Lydia, meine Mutter, ist eine grenzenlose Optimistin. Mit ihren 78 Jahren betrachtet sie die Welt mit einem Lachen und nimmt die Dinge, wie sie kommen, mit Humor und Leichtigkeit. Ihre Reaktionsweise auf kleine Unfälle oder auch lebensbedrohliche Situationen ist unkonventionell, schräg und, ich muss fast sagen, ziemlich unvernünftig. Möchte man meinen. Da die Geschichten meiner Mutter fast schon Slapstickcharakter haben, werde ich Ihnen dieses Gustohäppchen erzählen.

Im letzten September waren meine Eltern wie jedes Jahr mit Freunden auf Urlaub in einer ihrer Lieblingsdestinationen in Istrien. Meine Mutter marschierte mit einem Schwimmpolster in der Hand ins Meer, um ein wenig zu schwimmen und sich treiben zu lassen. Sie ist eine Genießerin und liebt die Sonne und das Meer. Ihre Schwester lag währenddessen am felsigen Strand und döste vor sich hin, mein Vater kochte Kaffee in der Ferienwohnung, die direkt am Meer liegt. In dieser trägen Urlaubsstimmung kam ein starker Wind auf, und meine Mutter versuchte, an Land zu schwimmen, sie war jedoch nicht in der Lage, das nahe Ufer zu erreichen. So wurde sie immer weiter abgetrieben. Da sie keine Hilferufe von sich gab, fiel das lange Ausbleiben meiner Mutter zunächst niemandem auf. Nach einiger Zeit hielt ihre Schwester Renate Ausschau nach ihr. Sie sah den Schwimmpolster weit draußen im Meer allein treiben, von meiner Mutter jedoch keine Spur. Aufgeregt rief meine Tante meinen Vater und ein paar Urlauber zusammen, und alle versuchten, meine Mutter im weiten Meer zu erspähen. Die Sorge war groß, da sie ein Herzleiden hat und große Anstrengung oder Aufregung vermeiden sollte.

Plötzlich rief ein Urlauber: »Ich sehe sie!«, und zeigte auf eine weit entfernte zerklüftete Landzunge, die ins Meer ragte. Meine Mutter trieb am Rücken liegend gerade darauf zu. Alle rannten am Landweg hin, um die Vermisste zu bergen. Sie stiegen ins Wasser und zogen meine Mutter, die auf dem Rücken wie eine Schildkröte dahintrieb, aufgeregt aus dem Wasser raus.

Unversehrt und verwundert über die Aufregung der Retter kehrte sie an Land zurück. »Was ist passiert?«, fragten alle durcheinander, und meine Mutter erzählte, dass sie wegen des starken Windes nicht mehr zurückschwimmen konnte, und auch der Schwimmpolster davongetrieben war.

»Warum hast du nicht um Hilfe gerufen?«, fragte mein Vater vorwurfsvoll. Mein Mutter antwortete, dass sie sich entschlossen hatte, nicht zu rufen, da sie das zu sehr aufgeregt hätte. So legte sie sich auf den Rücken und ließ sich im Vertrauen, getragen vom Salzwasser, dahintreiben.

»Ich dachte, ich werde schon an das Ufer getrieben werden, und so habe ich meine Energie geschont. Und, da bin ich.« Meine Mutter lachte, die Retter schauten entgeistert.

Unvernünftig?

Kochexperiment am Feuerberg

Ich werde einmal pro Jahr von Herrn Erwin Berger, dem Chef des wunderbaren Mountain Resorts Feuerberg, auf die Gerlitzen als Trainerin für die Gäste engagiert. In dieser Zeit wohne ich mit meinem Ehemann, Sie kennen ihn ja schon, in einem Chalet direkt im Resort. Mittlerweile war ich fünfmal da und bin jedes Mal von der Atmosphäre dieses stimmigen Ortes begeistert. Bereits beim Betreten des Hauses ist die Wärme und Herzlichkeit dieses besonderen Ortes spürbar. Jedes Bild und jedes einzelne Detail sind mit viel Liebe und Gespür platziert. Das überträgt sich auf das ganze Haus und ist in jedem Winkel und auch bei den Mitarbeitern zu sehen. Die sonnige Lage, der unglaubliche Ausblick in das Tal sind einmalig, sogar bei bewölktem Himmel, und dieses stimmige Ambiente durchdringt das ganze Haus.

Auch heuer bin ich wieder eine Woche am Berg und da ich ja in Experimentierlaune bin, halte ich meine Augen offen, um wieder spontane Entscheidungen zu treffen. Das Abendessen ist jedes Mal eine Explosion an Geschmäckern, Farben und detailverliebten Kreationen, die zudem noch köstlich schmecken. Für mich ist es unvorstellbar, wie es möglich ist, täglich für 400 Personen solche Kunstwerke zu schaffen. Welch Liebe zum Kochen und logistisches Geschick muss da dahinterstecken? Da ich Kulturmanagerin bin und selbst viele Projekte plane, interessiert mich schon lange, nach welchen Kriterien hier gearbeitet wird, ohne dass Stress aufkommt. Wir befinden uns ja immerhin in einem erstklassigen Wellnesshotel. Ich selbst koche und experimentiere sehr gerne, aber in diesen Dimensionen ist das für mich unvorstellbar. Und schon stehe ich auf und gehe zum Direktor des Hotels und höre mich fragen: »Wäre es möglich, dass ich ein paar Tage in der Küche mitarbeiten darf?« Was habe ich jetzt gefragt? Herr Berger sagt, dass es von ihm aus durchaus möglich ist, ich aber noch mit dem Küchenchef reden soll. Gesagt, getan. Ich gehe zur Küche und spreche mit Danijel Radic, dem kroatischen Großmeister der Küche, über mein Begehren. Danijel, der mich ja schon von einem Haltungstraining, das er bei mir besucht hat, kennt, sagt, dass ich gerne kommen kann. Und schon vereinbaren wir einen Termin. Es gibt kein Zurück mehr.

1. Tag in der Patisserie – Süßes Entdecken

Mit unbestimmtem Gefühl fahre ich auf den Berg und weiß nicht, was mich erwarten wird. Hoffentlich stelle ich mich nicht ungeschickt an. Wie werde ich im Küchenteam aufgenommen? Alles Fragen, die mich im Moment beschäftigen. Ich parke mein Auto und gehe in die Küche. Bereits diese Perspektive ist neu für mich, da ich das Haus immer als Trainerin und Gast betreten habe. Freundlich werde ich in der Küche vom Küchenchef begrüßt und gleich mit adäquater Küchenbekleidung ausgestattet, einem weißen Kochhemd mit roten Bordüren mit dem Namensschild Maria. Das bin ich zwar nicht, ist aber auch nur eine Leihgabe. Weiters trage ich eine dunkelrote Schürze. Danijel erklärt mir, was meine Aufgaben in den nächsten Tagen sein werden.

»Heute arbeitest du in der Patisserie, morgen bei den Vorspeisen, übermorgen Hauptspeisen, Fleisch und Fisch.« Danijel stellt mich den beiden jungen Köchen Maria und

Kevin in der Patisserie vor, und schon geht's los. Es ist keine Zeit zu verlieren. Maria erklärt mir, wo die Küchengeräte und die Zutaten zu finden sind, und schon verziere ich mit einem Pinsel die Teller mit einer selbst gemachten Johannisbeercreme für die Nachspeise. Danach lege ich geschnittene Kiwis, Erdbeeren und Orangenscheiben darauf. Daneben richten wir kleine Stückchen frisch gebackenen Schokokuchens an. Schön sieht das aus, und es macht mir Spaß. Nun bereite ich gemeinsam mit Maria eine Zitronentarte zu, die wir flambieren und mit Physalis, Erdbeeren, Heidelbeeren, Johannisbeeren und Himbeeren belegen. Ein Feuerwerk für die Augen, obwohl sich mein Gaumen auch gefreut hätte. Weiter geht es mit Erdbeerschnitten. Mir rinnt das Wasser im Mund zusammen, ich denke, Ihnen auch, und ich fühle mich entspannt und inspiriert. Mein Aufgabenbereich wird im Laufe des Tages immer selbstständiger.

Nun gehe ich in die Mittagspause und esse im Personalbereich. Ein junger, sehr gut gelaunter deutscher Koch beginnt ein Gespräch mit mir und fragt mich, ob ich eine neue Mitarbeiterin bin. Ich erkläre ihm kurz, dass ich ein kleines Experiment für mein Buch mache und ein paar Tage mit ihnen mitarbeite. Er findet das super, und so sprechen wir über das Kochen und den Umgang mit Lebensmitteln. Jürgen erzählt, dass er vorher in vielen guten Häusern gekocht hat und sich darüber wundert, wie mit den Zutaten, sei es Fleisch, Fisch oder Gemüse, umgegangen wurde. Er sagt: »Wenn zehn Köche nach einem Rezept kochen, schmeckt es jedes Mal anders. Es ist der Umgang mit den Lebensmitteln und es ist das Herz. Wenn man mit Herz kocht, dann schmeckt alles anders. Richtig gut. Ich habe vorher woanders gekocht, und da wurde vollkommen lieblos mit den Lebensmitteln umgegangen. Das schmeckte nicht.« »Ah, so ist das.« Das leuchtet mir ein, und es imponiert mir, das von einem jungen Koch, der mit Begeisterung bei der Sache ist, zu hören.

Nach der Mittagspause kommt Kevin zu mir und fragt mich, ob ich mir zutraue, einen Kuchen eigenständig zu machen. Ich habe ja schon viele Kuchen und Torten gemacht, die mehr oder weniger gut gelungen sind, aber es gab keine Konsequenzen. Hier ist es etwas völlig anderes. Mein Endprodukt muss den hohen Anforderungen genügen, und bevor ich zustimme, kommt Kevin mit einem Karton mit 30 Eiern und stellt ihn vor mich hin. So steh ich da, ich armer Tor, völlig auf mich gestellt und beginne, in Eigenverantwortung zu arbeiten. In neuer Rolle, mit großer Verantwortung in der Küche eines mehr als noblen Hotels. Na dann, ich mache einen Zucchinikuchen mit 30 Eiern. 30 Eier, das sind vollkommen neue Dimensionen für mich. Bis jetzt habe ich unter den Augen der beiden jungen Köche meine Hilfsarbeiten erledigt, jetzt bin ich allein dafür verantwortlich, was den Gästen serviert wird. Da Maria und Kevin sehr konzentriert und entspannt arbeiten, überträgt sich das auf mich, und ich schlage vertrauensvoll meine 30 Eier auf und trenne sie. Danach kommt das Eiweiß in einen Riesenmixer, der wie ein Schlagbohrer aussieht und aus dem Eiklar schön weiß glänzenden Eischnee produziert. Nach und nach vermische ich die Zutaten, reibe Unmengen an Zucchini, wiege Zucker und Nüsse ab und schon gebe ich die Masse in eine Riesenform. Ich überprüfe, ob ich nichts vergessen habe, zeige Kevin das Resultat, werde von ihm gelobt, und schon kommt der Kuchen in den Ofen. Ich bin echt stolz auf mich. Nun stapelt Kevin drei Lagen Eier vor mir auf und bittet mich, den Kaiserschmarren zu machen. Na dann! Der junge Koch erklärt mir das Rezept und sagt, dass ich dafür 72 Eier benötige. Hahahaha, 72 Eier, ist ja unglaublich. Und schon trenne ich die Eier, eins nach dem anderen. Diese Mengen sind völlig neu für mich, gleichzeitig genieße ich es, dass ich einmal nach den Anweisungen von anderen arbeiten darf, egal wie viele Eier ich noch verarbeiten muss. Ich muss keine Entscheidungen treffen, sondern führe das aus, was mir aufgetragen wird. Das ist eine neue Erfahrung für mich, die ich so nicht kenne. Irgendwie entspannt mich das. Ich glaube, das wird ein flauschiger Kaiserschmarren. Nachdem ich Eier, Mehl, Zucker, Milch und eine Prise Salz zu einem fertigen Rührteig verarbeitet habe, kommt alles in eine Riesenwanne, und der Kaiserschmarren nimmt Formen an. Nach dem Wenden zerteile ich die süße Verführung, die wie ein echter Kaiserschmarren aussieht, nur in anderer Größenordnung. Ich darf kosten, und er schmeckt herrlich. Wow! Nachdem Kevin das Gericht überprüft und es beeindruckt freigegeben hat (scheint mir zumindest), zieht er den fertigen Zucchinikuchen aus dem Rohr. Der Kuchen duftet herrlich und sieht zum Anbeißen aus.

Ein süßer Abschluss am Ende meines ersten Tages. Jetzt habe ich Feierabend. Glücklich und stolz fahre ich den Berg hinunter und freu mich auf morgen. Na, haben Sie Hunger bekommen?

2. Tag in der Beilagenküche – Kochen wie die Profis

Bereits sehr zeitig in der Früh nimmt mich heute der Chefkoch Danijel Radic mit seinem Auto mit auf den Berg, da die Straße sehr eisig ist. Heute bin ich in der Großküche, die sich in einem anderen Raum neben der Patisserie befindet, und werde den anderen Mitarbeitern vorgestellt. Ich arbeite mit einer jungen stillen Frau, die gerade ihre Kochlehre macht.

Unser Kochauftrag lautet: Ravioli gefüllt mit geräuchertem Bergkäse. Klingt gut.

Wir bereiten den Nudelteig zu und formen den Bergkäse zu kleinen Kugeln. Dann zeigt mir Kerstin, wie die Ravioli zu befüllen und zu formen sind. Dies ist eine sehr anspruchsvolle Aufgabe, da der Teig ja nicht reißen darf, und so sind wir zwei Stunden damit beschäftigt. Da das junge Mädchen an meiner Seite sehr wenig spricht, versinke ich so in meiner Tätigkeit, dass ich an nichts mehr denke, außer an die Ravioli, ich bin im Hier und Jetzt angekommen und empfinde das als sehr angenehm. Das Endresultat kann sich sehen lassen, und ich bin wirklich stolz auf das vollendete Werk.

Da ich neugierig bin und wissen möchte, wer sich hinter der jungen Kollegin verbirgt, gelingt es mir, während der Zubereitung der kleinen Köstlichkeiten doch ein kleines Gespräch mit ihr zu führen. Sie erzählt mir, dass sie mit Begeisterung kochen würde, ihr Vater aber dagegen sei, und sie ständig das Gefühl habe, sich beweisen zu müssen. »Mein Vater hält nichts davon, dass ich Köchin lerne. Ich habe immer das Gefühl, ich sei zu wenig gut, aber ich weiß, ich schaffe das.« Sie sagt das mit solch einer Entschlossenheit und Lebendigkeit, dass ich beeindruckt bin. »Jamie Oliver ist mein großes Vorbild, da will ich auch hin. Ich werde es meinem Vater zeigen«, sagt sie und vollendet mit Nachdruck ihr Ravioli, oder heißt es etwa Raviolo? In ihrem Zorn wird diese junge Frau höchst temperamentvoll, und ich glaube ihr, dass sie es schaffen wird.

Jetzt stellt mir ein Koch eine große Kasserolle mit Roten Beten, die im Salzmantel im Rohr geschmort wurden, vor die Nase. Nachdem ich professionell ein Paar Küchenhandschuhe angezogen habe, schäle ich die große Menge. Danach schneide ich sie in Scheiben und steche Herzformen aus, die dann mit einer feinen Wasabicreme befüllt werden. Nach einer kurzen Kaffeepause geht es weiter mit Kohlrüben, die roh ausgehöhlt werden müssen. Es sind circa 50 Stück, und ich spüre meine Handgelenke, die diese Drehbewegung nicht gewohnt sind. Das artet in schwere körperliche Arbeit aus, und auch meine Füße beginnen, zu schmerzen, da ich es nicht gewohnt bin, so lange an einem Fleck zu stehen.

Die Zeit vergeht wie im Fluge, und ich gehe in die Mittagspause, um ein wenig von den köstlichen Häppchen zu kosten, die ich zubereitet habe. Die Ravioli schmecken sehr gut. Nun habe ich drei Stunden Mittagspause und schreibe meine Erfahrungen nieder. Als ich heute in die Großküche gekommen war, hatten mich zwei Köche gefragt, ob ich die neue Chefin der Patisserie sei. Ich erklärte ihnen, dass ich für ein paar Tage in der Küche mitarbeite, um neue Erfahrungen zu sammeln, und dies in einem Buch niederschreibe im Rahmen eines Selbstexperimentes. Ich erklärte, dass ich ein Teil des Küchenteams sein will, ohne bevorzugt behandelt zu werden, und alles machen würde, was mir aufgetragen wird. Die beiden Köche staunten und sagten, dass sie dachten, dass ich die neue Chefin der Patisserie sei. Auf meine Frage, warum sie das geglaubt hätten, erwiderten sie, dass ich so professionell gewirkt hätte. Also so ist das.

Georg spricht mit den Steinböcken

In der Mittagspause sitze ich in der Hotelbar, um meine Erlebnisse aus der Küche niederzuschreiben, und treffe Georg Berger, einen sehr engagierten Mitarbeiter des Hotels, der täglich mit den Gästen auf der Gerlitzen wandert und auch längere Touren auf die umliegenden Berge unternimmt. Täglich zeigt er den Urlaubern spezielle Orte abseits der bekannten Pfade, erzählt die Geschichten dazu, macht Saunaaufgüsse und bietet verschiedenste Aktivitäten, mitunter auch Bogenschießen, an. Georg, mit seinem weißen geschwungenen Bart, ruht in sich selbst und strahlt das auch aus. Da ich ihn bereits aus meiner Tätigkeit als Trainerin kenne, beginnen wir, uns zu unterhalten, über mein Buch und das gesamte Selbstexperiment. Er sagt, dass sein Leben die letzten Jahre vor seiner Pension so richtig spannend geworden ist, seit er für die Freizeitaktivitäten am Feuerberg zuständig ist. Er ist fitter als jemals zuvor, und jeder Tag birgt eine neue

Überraschung in sich. Ich frage Georg, ob ich ihm meine drei Fragen stellen darf. Gerne erklärt er sich bereit, diese zu beantworten. Hier sind die Antworten.

»Georg, was bedeutet für dich Unvernunft?«

»Ich liebe die körperliche Anstrengung, täglich über meine Grenzen zu gehen. Ich bin es ja gewohnt, mich zu bewegen, aber im letzten Jahr habe ich eine neue Erfahrung gemacht: den Wettbewerb, 24-Stunden-Burgenland-Extrem'. Da muss man an einem Tag 120 Kilometer marschieren, um den Neusiedler See zu umrunden. Das Wetter war beschissen, und ich ging über meine Grenzen, trotz extremer Schmerzen, um mein Zwischenziel zu erreichen. Danach konnte ich zwei Tage nicht mehr gehen, ohne meine Hände zu Hilfe zu nehmen, aber diese Herausforderung war es wert.

»Wann fühlst du dich besonders lebendig?«

»Unter Leuten fühle ich mich lebendig und in der Natur, ohne Schnickschnack. Natur pur, statt Gulaschkessel.«

»Welche Bedeutung hat die Gewohnheit in deinem Leben?«

»Ich empfinde Gewohnheit für mich als schlecht. Ich versuche, mich davon wegzubringen. Gewohnheit ist für mich mit Langeweile verbunden und macht mir somit keinen Spaß. Während ich einen Weg wandere, den ich schon Hunderte Male gegangen bin, spreche ich mit den Steinböcken, die haben immer etwas zu erzählen, und so wird mir nicht langweilig.

Nach der Mittagspause darf ich den Köchen zusehen, wie sie Schweinsbraten zubereiten, den sie dann in kleinen Würfeln mit Krautsalat auf selbst stehenden Löffeln wunderschön anrichten. Das sind nun bereits die Vorbereitungen für das Abendbuffet. Danach zeigt mir Danijel Radic, wie man Fische richtig filetiert. Er köpft gefühlte 100 Forellen und löst gekonnt mit scharfem Messer das Rückgrat der Fische aus. Anschließend entfernt er pfeifend und gut gelaunt verbliebene Grätenreste mit der Pinzette. Das geht so schnell, dass ich mit dem Zuschauen nicht nachkomme. Daneben brodelt eine rote Flüssigkeit aus Roter Bete, die so lange geschmort wird, bis eine dicke Flüssigkeit daraus wird, die für die Vorspeisendekoration verwendet wird. Ein anderer Koch stellt mir nun eine Schachtel mit Süßkartoffeln zum Schälen hin, und schon versinke ich in dieser meditativen Arbeit. Alles, was um mich passiert, nehme ich nur am Rande wahr.

Der Nachmittag geht bereits zur Neige, und so treffen wir die letzten Vorbereitungen für das Abendessen. Wir tragen die Suppen, Vor- und Nachspeisen in die Essräume hinaus, wo sie sinnlich ansprechend und dekorativ hingestellt werden. Hier können sich die Gäste selbst bedienen. Es entsteht ein optisches und kulinarisches Feuerwerk an Köstlichkeiten. In der Küche warten die Köche bereits auf die ersten Bestellungen, die dann in Windeseile mit Liebe zum Detail fertig gemacht werden. Diese logistische Feinarbeit ist phänomenal, und was mich besonders daran fasziniert, ist, dass alle Küchenmitarbeiter dabei sehr entspannt sind und auch noch Zeit haben, zu scherzen und zu lachen. Ich verstehe jetzt, warum hier alles so stimmig ist, was ich als bisheriger Gast absolut gespürt und geschmeckt habe. Es wird mit Liebe und herzhaftem, manchmal deftigem Humor gekocht. Es ist ein Zusammenspiel an Freude am Kochen, Liebe zum Experiment, wertschätzendem Umgang mit den Zutaten und vor allem Humor im Team. So macht das Arbeiten Spaß, und mittlerweile kann ich ja ein wenig mitreden. Ich fühle mich vom ersten Moment an aufgenommen und wertgeschätzt.

Auch der zweite Tag ist für mich ein unvergessliches Erlebnis, selbst wenn mich gewisse Körperteile schmerzen, die ich bisher anscheinend wenig beansprucht habe, aber das macht nichts. Ich freue mich schon auf morgen.

3. Tag – Pikanter Abschluss

Heute komme ich etwas müde am Berg an und werde sehr freundlich vom Küchenteam begrüßt. Ich darf nun mit dem spanischen Koch, der mich die ersten beiden Tage sehr skeptisch betrachtet hat, die Vorspeisen zubereiten. Nachdem er gesehen hat, dass ich nicht nur zum Spaß hier bin, sondern mich redlich bemühe, ist er mittlerweile sehr freundlich und erklärt mir seine Rezepturen für die herrlichen Vorspeisen. Mittlerweile bin ich aufgewacht, fühle mich munter und freue mich auf den heutigen Tag.

Ich arbeite mit Garnelen, helfe beim Heringssalat, schneide Zwiebeln, befülle geschmortes Gemüse mit diversen Cremen, bereite Shrimpscocktails zu und genieße die sinnlichen Gerüche, die sich in der Küche breitmachen. Immer wieder darf ich die wunderbaren Kreationen kosten, und meine Geschmackspapillen erfreuen sich an den Explosionen, die sich in meinem Gaumen breitmachen. Der heutige Tag macht mir besonders viel Freude, da ich vollkommen neue Herangehensweisen in der Zubereitung von Gerichten und der Verwendung von Gewürzen kennenlerne. Selbst neige ich ja dazu, die Gewürze immer gleich zu verwenden. Der heutige Tag ist mehr als pikant und überraschend, was ich besonders liebe.

Die Zeit vergeht wie im Fluge, und ich genieße diese Auszeit, die so anders ist, als das, was ich bisher kennenlernen durfte. Durch meine mittlerweile fast 30-jährige Tätigkeit als »Freiberuflerin« bin ich ständig gefordert, Ideen zu haben, sie auszuformulieren, Konzepte zu entwickeln und sie dann letztendlich umzusetzen. Egal ob ich Seminare, Vortragsformate entwickle, ein Buch schreibe oder Inszenierungen umsetze, immer liegt alles an mir. Ich liebe meine Arbeit, da sie sehr abwechslungsreich ist, manchmal aber fehlt mir der Esprit oder die Energie, dranzubleiben, und ich wünsche mir insgeheim, dass mir jemand meine Entscheidungen abnimmt oder erleichtert. Hier jedoch stehe ich auf der anderen Seite, indem ich aus meinem gewohnten Umfeld aussteige und die Perspektiven wechsle. Ich erhalte Anweisungen, führe diese aus, soweit ich kann, und bin Teil eines Teams, das Hand in Hand arbeitet, gut getimed und koordiniert, mit einem hohen Anspruch an den Gaumen der Konsumenten.

Das Essen schmeckt, weil die Köche sich in diesem Klima wohlfühlen und Freude an der Arbeit haben. Die Gäste genießen es, weil eine gute Stimmung im Betrieb herrscht. Der Erfolg ist seh- und spürbar. Das Hotel ist ständig ausgebucht.

Ich kochte noch zwei weitere Tage als Teil des Küchenteams und hatte viele schöne Erlebnisse, die mir noch mehr Lust auf neue Inspirationen und Perspektiven in puncto Kochen gemacht haben.

Das Aussteigen aus meiner gewohnten Lebenswelt hat mir viele positive Eindrücke gewährt und mich auf Ideen gebracht, mutiger beim Kochen zu werden, mit Zutaten zu experimentieren, neue Rezepte zu entwickeln, um damit die Herzen und Geschmackspapillen meiner Familie und Freunde zu erfreuen. Die logistisch einwandfreien Abläufe in der Küche, um der Menge an Bestellungen Herr oder Frau zu werden, als auch die lockere, humorvolle und gleichzeitig stringente Führung bringen mir neue Erkenntnisse für meine Arbeit, die ich in anderer Form umsetzen werde.

Ich bedanke mich beim großartigen Küchenteam unter der Führung von Danijel Radic dafür, dass ich in ihre Kochtöpfe schauen durfte, und dem gesamten Team vom Mountain Resort Feuerberg. Ich ziehe meinen Hut, Chapeau!

Der Wow-Effekt, und warum Männer Sellerie essen sollten

Ich spreche mit dem kroatischen Chefkoch Danijel Radic des Mountain Resorts Feuerberg darüber, was ihn beim Kochen inspiriert, so wunderbare Gerichte zu zaubern, und er lässt mich ein wenig in seine Geri(ü)chteküche blicken. Davor stelle ich ihm aber die drei üblichen Fragen.

»Danijel, was bedeutet für dich Unvernunft? Was fällt dir dazu ein?«

»Ursprünglich war das Projekt Feuerberg, das viel kleiner begonnen hat, unvernünftig. Ich wollte damals schon einer der besten Köche Kärntens im Hotelbereich werden und ich bin am Weg. Für mich ist es wichtig, die Freiheit zu haben, Entscheidungen zu treffen und zu experimentieren.«

»Wobei fühlst du dich besonders lebendig?«

»Beim Kochen und Fußballspielen.«

»Welche Rolle spielt die Gewohnheit in deinem Leben?«

»Ich mag nicht, wenn immer alles gleich ist. Alles, was sich wiederholt, wird monoton. So ist es auch beim Kochen.«

Wann habe ich schon Gelegenheit, tiefer in die Gedankenwelt eines Meisterkochs einzutauchen, der so viele Menschen mit seinen Kreationen begeistert? Ich frage also weiter, was das Besondere, das ihn und sein Team über den Durchschnitt erhebt, ausmacht: »Was inspiriert dich beim Kochen?«

»Ich glaube, als Koch kann ich Menschen mit wirklich gutem Essen und neuen Kreationen glücklich machen. Es ist eine Inspiration für mich, wenn ich beim Gast einen ‚Wow-Effekt‘ erzielen kann. Dann weiß ich, dass ich etwas Gutes gekocht habe, und das gibt mir die Bestätigung, warum ich dieser Profession, die auch viel mit Verzicht in privatem Bereich verbunden ist, nachgehe. Die Produkte, mit denen ich arbeite, müssen gesund und ehrlich sein. Das beginnt mit dem Frühstücksei vom Biobauern aus der unmittelbaren Umgebung. Ich arbeite prinzipiell mit allen Produkten gerne, experimentiere und probiere immer wieder neue Produkte aus. Das hält mich wach und lebendig. Ich liebe es, mit verschiedensten Zutaten zu arbeiten, und versuche, daraus wohlschmeckende Texturen zu kreieren. Meine Inspiration erhalte ich dadurch, dass wir Köche uns zusammensetzen, Fantasien entwickeln und gemeinsam neue Gerichte erfinden und sie auch umsetzen. Es ist fast wie Malerei. Wir entwickeln mit unseren Nahrungsmitteln verschiedenste köstliche Variationen an Geschmäckern, Farbenspielen und Gerüchen, die Appetit machen. Der Gast isst mit den Augen, und so entsteht in meinem Kopf eine genaue Vorstellung darüber, wie alles angerichtet sein muss. Und wenn jeder Kopf meines Teams seine Idee umsetzt, haben wir eine große Variation, die uns lebendig und glücklich macht. Mir ist wichtig, dass das Klima in der Küche gut ist, dass wir Spaß beim Arbeiten haben. Wenn sich die Mitarbeiter respektiert und geschätzt fühlen, dann arbeiten sie gerne, und dann kann ich auch 100 Prozent von ihnen verlangen, da sie sich wohlfühlen. Das ist dann beim Ergebnis zu schmecken. Ich lobe die Mitarbeiter gerne, spreche aber auch Kritik aus, wenn etwas nicht passt, ganz offen und klar. Dann gibt's kein Missverständnis.«

»Welches Gericht macht besonders lebendig?«

»Sellerie macht lebendig – vor allem den Mann, und die Frau hat auch was davon.« (Er lacht.)

»Für mich gibt es immer Herausforderungen, was die Produkte anbelangt. Im Moment ist Sellerie mein Lieblingsgemüse. Man kann wunderbare Gerichte daraus machen, in allen Variationen, angefangen beim Stangensellerie, wo der Saft ausgepresst wird. Ich verarbeite alles von der Sellerieknolle und dem Selleriestroh. Ich mache daraus Püree bis hin zu Sellerieravioli. Aus einer Zutat entwickle ich Gerichte und Kombinationen aus acht bis neun verschiedenen Texturen. Mir ist es wichtig, wertschätzend mit dem Produkt umzugehen, indem ich alles verarbeite, es gibt keinen Abfall. Ich bemühe mich, nichts wegzuschmeißen. Von einer Tomate zum Beispiel verarbeite ich alles, das Tomatenfleisch verkoche ich, aus der Haut mache ich Chips und aus dem Inneren einen weißen Tomatensaft.

Die Sellerieknolle macht uns lebendig, vor allem die Männer. Ich verrate dir jetzt ein Menü, das die Leser gerne nachkochen können. Viel Spaß dabei!

Selleriesaft: Stangensellerie entsaften, durch ein feines Sieb passieren und mit Salz, Zucker und Essig abschmecken. Evtl. mit etwas Stärke abbinden.

Sellerieknolle mit Butter: Eine ganze Sellerieknolle mit handwarmer Butter einstreichen und vakuumieren und im Ofen bei Dampf eine Stunde garen. Ausgekühlt schneiden und in Butter anbraten.

Sellerieravioli:

Nudelteig: 1 kg Mehl glatt, 1 kg Mehl griffig, 300 g Nudelgrieß, 2 Eier, etwas Salz und Olivenöl

Selleriepüree für die Füllung: 200 g Sellerieknolle (gewürfelt), 100 g Obers, 50 g Butter. Alles zusammen im Topf bei geringer Hitze ohne Farbe schmoren. Mixen, passieren und mit Salz, braunem Zucker und Muskatnuss abschmecken.

Nudelteig herstellen und im Kühlschrank eine Stunde rasten lassen. Ausrollen und mit dem Selleriepüree füllen. In kochendem Wasser 2 Minuten kochen und etwas ziehen lassen. Vor dem Anrichten in Butter schwenken.

Stangensellerie: Schälen und blanchieren, vor dem Anrichten in Butter schwenken.

Selleriestroh: Geschälte Sellerieknolle in sehr feine Streifen schneiden und in heißem Fett bei circa 150 Grad frittieren. Auf Küchenpapier abtropfen und trocknen lassen. Evtl. etwas salzen.«

Danke, Danijel!

Die junge Köchin Maria hat mir noch ihr Lieblingsrezept aus der Patisserie für Sie mitgegeben. Sie bezeichnet es als »geile« Nusstorte. Hier verrate ich Ihnen das Rezept für einen süßen Abschluss des Menüs.

Geile Nusstorte

Zutaten für 1 Torte: Mürbteig: 125 g Mehl (glatt), 80 g Butter (in kleine Würfel geschnitten), 40 g Staubzucker, 1 Dotter, ½ TL Vanillezucker, Schale von ¼ Zitrone (unbehandelt, abgerieben), Mehl zum Ausarbeiten

Nussmasse: 3 Eier, 120 g Kristallzucker, 15 g Stärkemehl, 1 TL Vanillezucker, Prise Salz, 50 g Walnüsse (gerieben), 50 g feine Semmelbrösel, 140 g flüssige Butter

Glasur: 40 g Staubzucker, 10 ml Rum, etwa 100 g passierte Marillenmarmelade

Zubereitung:
Tortenreifen oder Pieform (24 cm Durchmesser und 3 cm hoch) auf ein mit Backtrennpapier ausgelegtes Blech legen.

Mürbteig: Alle Zutaten rasch zu einem Mürbteig verkneten; mindestens 30 Minuten kalt stellen. Mürbteig auf bemehlter Arbeitsfläche etwa 2 mm dünn ausrollen und den Tortenreifen damit auslegen.

Nussmasse: Eier mit Kristallzucker, Stärkemehl, Vanillezucker sowie Salz schaumig rühren. Walnüsse mit Semmelbröseln und Butter unterziehen (melieren).

Nussmasse sofort einfüllen, und die Nusstorte in das auf 200 Grad C vorgeheizte Rohr schieben. Temperatur auf 175 Grad C reduzieren, und die Torte etwa 40 Minuten backen. Vorsichtig den Mürbteig mit einem glatten Messer aus der Form lösen, und die Torte kurz überkühlen lassen. Marillenmarmelade aufkochen, und die noch warme Torte auf der Oberfläche damit üppig bestreichen.

Glasur: Staubzucker mit Rum halbflüssig verrühren, erwärmen (35 bis 38 Grad C), und die Torte damit bestreichen. Dazu geschlagenes Obers servieren.

Nach diesem geilen Kuchen kann der Abend ja nur noch pikant werden.

Max more Most

Ich kenne einen Wirt in meiner Nähe, der aufgrund seiner zahlreichen außergewöhnlichen Aktivitäten zwingend portraitiert werden muss. Er heißt Max Schöffmann und betreibt ein Landgasthaus, das sich durch erstklassige Küche, einen herrlichen selbst gepressten Apfelmost und wunderbare selbst gebrannte Schnäpse auszeichnet. Ein besonderes Highlight ist der Kalmusschnaps, der einzigartig und auch gesund ist. Wir verbrachten schon sehr feuchtfröhliche Abende in unserem Lieblingsgasthaus, wo eine urbane, trockene Herzlichkeit herrscht.

Der Wirt und seine Familie lassen sich in keine Klischees pressen. Sie bieten das an, was sie für richtig halten, und unterwerfen sich keinem Mainstream. Max ist nicht nur ein Ausnahmewirt, sondern auch ein leidenschaftlicher Eichenkenner und -sammler. Jedes Jahr reist er mit seiner Frau in seiner freien Zeit in verschiedenste Länder, um sich mit Eichenenthusiasten und -spezialisten zu treffen, seltene Arten dieser Bäume zu erkunden und deren Samen auch zu importieren, um sie auf einem eigens angelegten Grundstück zu züchten. Der umtriebige Wirt ist auf ungewöhnliche Art kreativ. Seine Bierdeckel gestaltet er selbst mit originellen Slogans wie zum Beispiel »Max more Most (Apfelwein)«. Da in seinem kulinarischen Angebot herrliche selbst gemachte Kärntner Kasnudeln und Fleischnudeln angeboten werden, setzte er dies in künstlerischer Form um, um sie unübersehbar zum Ausdruck zu bringen. Max goss fünf Riesen-Kasnudeln, eine Kärntner Spezialität, aus Beton mit einem Gewicht von 696 Kilogramm pro Stück und positionierte diese am Parkplatz seines Lokals. Eine Attraktion für seine Gäste, die ihn weithin bekannt machte.

Es gäbe hier noch viel mehr über ihn zu berichten, aber ich möchte Ihnen ein paar kleine Schmankerln aus seiner humorigen Genussküche weitergeben. Dass Max über einen ganz speziellen Humor verfügt, ist bereits an der Speisekarte ersichtlich. Jedes Jahr wird diese mit einem neuen Vorwort und einem Einblick in die Historie des Gasthauses, die sehr weit zurückreicht, versehen.

Wie sehr sich Max mit seiner täglichen Materie ernsthaft auseinandersetzt, wird in seiner philosophischen Abhandlung über diverse Nudelvariationen ersichtlich. Das möchte ich Ihnen nicht vorenthalten. Lachen erlaubt, aber nicht zwingend erforderlich.

»Nudl – klassisch – modern – historisch:

Kasnudl, Fleischnudl, Erdäpflnudl, Äpflnudl, Kletznnudl, Birnnudl, Spinatnudl, Ribislnudl, Nussnudl, Kernnudl, Pilznudl, Schinkennudl, Specknudl, Krautnudl, Kirschnudl, Papiernudl, Luftnudl, Sogspännudl, Schneenudl, Hyponudl, Atomnudl, Ölnudl, Molotownudl, Banknudl, Gasnudl, Schnopsnudl, Haarnudl, Muschlnudl, Fischnudl, Schnecknnudl, Kokosnudl, Betonnudl, Yamsnudl, Lehmnudl, Hinkelnudl, Holznudl, Tonnudl, Plastiknudl, Rübnnudl, Supernudl, Idiotennudl, Klonudl, GVO-Nudl, Käfernudl, Erdnudl, Orbitnudl, Jupiternudl, Mistnudl, Kometennudl, Illusionsnudl, Hendlnudl u.v.m.

Fest gegrandelt aus Beton steht die Nudl als Monument. 696 kg/Stück. Urheberrechtlich geschützt. Nachahmer(innen) und Diebe werden verfolgt.«

Als ich Max bei einem abendlichen Gasthausbesuch von meinem Buchprojekt erzähle, bringt er mir ein Rezept, das er einen Tag lang gekocht und immer weiter verfeinert hat. Ob dieses Rezept unkonventionell, unvernünftig, kreativ oder schlichtweg blöd ist, dürfen Sie, liebe Leserinnen und Leser, selbst entscheiden. (Nachkochen auf eigene Gefahr!)

Kohlkopf à la Max

Zutaten: Gewürze, Sahne, 2 l Weißwein, Graukäse, Most (Apfelwein), Strudelteig, Rollgerste, Ingwer, ein Kohlkopf, eine Mozartkugel, eine Handvoll Grummet (Heu), Backpulver, 1 l Rotwein, Fenum graecum (griechischer Fenchel)

Kochdauer: 6 Stunden (ohne Abwasch)

Zubereitung:

Kohlkopf im Ganzen in Weißwein kochen, dann halbieren in obere und untere Hälfte. Obere Hälfte warm stellen, untere mit Rollgerste ganz weich kochen und zerstampfen.

(Derweilen vom Most einen Halben trinken.)

Dann Backpulver dazugeben, gut kneten, auf ein Backblech aufbreiten und mit Graukas belegen. Bei 180 Grad Ober- und Unterhitze überbacken, ca. 20 Minuten.

(Derweilen vom weißen Kochwein ein Viertel trinken.)

Danach den Auflauf in Stücke schneiden und im großen Topf in Packerlsuppe eine Stunde köcheln lassen, mit Stabmixer pürieren.

(Derweilen vom roten Kochwein ein Viertel trinken.)

Die Masse dünn auf Strudelteig aufstreichen, einrollen und bei 220 Grad Ober- und Unterhitze 20 Minuten backen.

(Derweilen ein Viertel nach freier Wahl trinken.)

Den Kohlstrudel in großen Stücken im Most einlegen und eine Stunde im Kühlschrank rasten lassen.

(Derweilen ein Viertel nach …)

Die weiche Masse dann durch ein grobes Sieb streichen, und diese Creme mit Salz, steifer Sahne, Fenum graecum und Ingwer abschmecken.

(Derweilen wie gewohnt …)

Die bereitgestellte obere Kohlhälfte gekreuzt einschneiden, die Mozartkugel hineindrücken und mit der Creme übergießen. Auf Grummet (frisches Heu vom zweiten Schnitt) anrichten und mit Schokoguss verzieren.

Wünsche gutes Gelingen,
damax

Dieses Rezept wurde anlässlich einer Bewerbung als Fernsehkoch in allen Details und mit Handwerksehre zubereitet und geladenen Gästen serviert – die Kommentare fielen sehr unterschiedlich aus. Die KLEINE ZEITUNG veröffentlichte das Rezept nicht.

Beim Durchlesen dieses Rezeptes musste ich an Karl Valentin denken und laut lachen.

Um den kulinarischen Teil harmonisch abzuschließen, gibt es nun eine gar ungustiöse lukullische Abschlussgeschichte.

Inmitten Parasiten

Ich bekam vor einigen Jahren vom Landesmuseum Kärnten den Auftrag, ein Event zur aktuellen Wanderausstellung, kuratiert vom Naturhistorischen Museum Wien, mit dem Titel »Inmitten Parasiten« zu entwickeln. Es war eine »Lange Nacht der Parasiten« geplant. Der Sinn war, das Museum durch diese außergewöhnliche Aktion in den Blickpunkt der Öffentlichkeit zu rücken. Da Sie mich ja schon kennen, und ich eine Frau für unmögliche Fälle bin, ist Ihnen natürlich klar: Ich habe zugesagt.

Nach intensiver Beschäftigung mit der Parasitenmaterie, die, ehrlich gesprochen, nicht sehr appetitanregend war, habe ich es jedoch geschafft, einen Abend zu inszenieren, der illustrer nicht sein hätte können. In der Parasitenperformance stellten Jugendliche die Prachtexemplare wie die Hausstaubmilbe, den Fisch- und Hundebandwurm bis hin zur Haarbalgmilbe in original nachgenähten Parasitenkostümen dar und brillierten zum Abschluss in einer Parasitenmodeschau. Weiters gab es ein Parasitenlabor zum Experimentieren, eine Parasitenlesung mit mittelalterlichen Originaltexten, eine Hip-Hop-Band spielte Parasitensongs, die ich eigens dafür geschrieben hatte, und den Abschluss bildete ein Parasitenbuffet, das nur farblich den Schmarotzern nachempfunden und herrlich bunt war. Es schmeckte köstlich. Mahlzeit!

Dieser unvernünftige und doch sehr lehrreiche Abend war ein großer Erfolg, und das Museum war bis auf den letzten Platz gefüllt. Das zeigte mir, dass wir jederzeit in der

Lage sind, neue Inhalte, die absolut nichts mit uns zu tun haben, verstehen zu lernen und somit neue Blickwinkel entwickeln können. Das macht unser Leben um vieles reicher. Alles ist denk- und machbar. Nur Mut!

Jedoch muss ich gestehen, dass ich nach der intensiven Auseinandersetzung mit diesem Thema die Lust auf Sushi verloren habe, da sind mir die Nudeln vom Max weitaus lieber.

Die Kulinarik ist somit an die Spitze getrieben, der Hunger gestillt, und so wechseln wir zu einem völlig anderen Thema, zum Reisen. Freuen Sie sich mit mir auf eine Geschichte über zwei reisefreudige ältere Menschen, wie sie ungewöhnlicher nicht sein können. Gute Reise!

Mit der flotten Oma nach Neufundland

Der beste Ehemann von allen ist Volksschullehrer. Er erzählte mir wiederholt von einem älteren Ehepaar, das mehrmals an seiner Schule Vorträge gehalten hatte, um über ihre Reisen zu erzählen. Das Besondere daran ist, dass die beiden per Autostopp mit Tramperrucksack unterwegs sind. Reinhard meinte, ich sollte mir mal einen Vortrag des reiselustigen Paares ansehen, da es mit seiner Geschichte gut in dieses Buch passen würden.

Frau und Herr Lehmann führen ein unkonventionelles Leben, jenseits aller Gewohnheiten, die unsere Gesellschaft sonst älteren Menschen »zuordnet«. Zufällig entdecke ich in der KLEINEN ZEITUNG einen Veranstaltungstipp mit dem Titel »Mit der flotten Oma nach Neufundland«. Mir ist klar: Da muss ich hin und schon rufe ich meine Mutter an und frage sie, ob sie mich begleiten will.

Im Veranstaltungssaal sind die Lehmanns mit den letzten Vorbereitungen für den Vortrag beschäftigt. Ein kleiner Tisch dient als Ablage für Kassettenrekorder, eine kleine Form der Tonbandgeräte, die in den 1970er-Jahren verwendet wurde, und das Vortragsmanuskript. Dahinter sitzt Herr Lehmann, ein freundlicher alter Herr mit Brille. Seine Frau hantiert am Diaprojektor, einem optisch-mechanischen Gerät, mit dem gerahmte Dias mit Licht auf eine Leinwand projiziert werden. Sie positioniert die Diaschlitten und stellt das Objektiv scharf.

Der Kassettenrekorder wird eingeschaltet, die beiden machen sich bereit und begrüßen die Zuseher. Sie erzählen, dass sie seit 40 Jahren mehrere Monate jährlich verreisen. In Europa sind sie ausschließlich per Autostopp unterwegs. Sie benutzen keinen Zug, keinen Bus, sondern trampen und gehen zu Fuß. Mittlerweile haben sie auf diese Weise gemeinsam mehr als 40 Länder bereist, Herr Lehmann mehr als 100 Länder. In Neufundland, worum es im heutigen Vortrag geht, machten sie eine Ausnahme und kauften einen Van, mit dem sie mehrere Monate unterwegs waren. Beide erzählen abwechselnd über diese schöne Reise, bringen gut recherchiertes Hintergrundwissen, geschichtliche Informationen zu Bauwerken, Orten, Leuchttürmen und Menschen mit ein. Der Vortrag ist bis ins letzte Detail vorbereitet, und ich spüre die Leidenschaft der beiden, wenn sie über ihre Reisen sprechen. Während des Vortrags erinnern sie sich gegenseitig daran, dass der Diaschlitten zu wechseln sei. Fasziniert genieße ich den Vortrag, der von den beiden Weltenbummlern mit archaischen Medien, viel Humor und Selbstironie vermittelt wird. Als der Diaschlitten stecken bleibt, löst Frau Lehmann das Problem mit launigen Worten, während ihr Ehegatte hinter dem Tisch ein wenig witzelt. Der Vortrag dauert beinahe zwei Stunden, und ich lasse mich gerne auf diese lebendige Reise mitnehmen und lausche diesem beeindruckenden Ehepaar. Am Ende des Vortrages zeigen die Lehmanns einige Dias von wunderschönen Leuchttürmen auf Neufundland. Ich gratuliere dem Ehepaar zur gelungenen Präsentation und frage es, ob es Interesse daran hätte, ein Gespräch mit mir zu führen. Es ist damit einverstanden, und wir vereinbaren einen Termin.

Nach diesem außergewöhnlichen Nachmittag fahre ich nach Hause, und in mir reift ein Entschluss, eine Idee, über die ich schon oft nachgedacht habe, die ich aber wieder vergessen hatte.

Der beste Ehemann muss wieder mal leiden

Zu Hause erzähle ich dem besten Ehemann von diesem inspirierenden Nachmittag und konfrontiere ihn mit meiner spontanen Idee. »Ich habe bei diesem Vortrag so viele Leuchttürme gesehen und mich plötzlich daran erinnert, dass ich schon immer mal in einem Leuchtturm schreiben wollte. Reinhard, was hältst du davon, für ein paar Tage einen Leuchtturm zu mieten? Dort kann ich schreiben, und du kannst fotografieren.« Ich rede wie ein Wasserfall, während Reini unbeeindruckt seine Schulhefte verbessert. Danach setze ich mich an den Laptop und suche nach Leuchttürmen, die in annehmbar zu erreichender Entfernung zu mieten sind. Die Destination soll ja nicht allzu weit weg sein, da sich für dieses Experiment nur ein verlängertes Maiwochenende eignet. Schon bald finde ich Leuchttürme im nahen Kroatien, die mit kleinen Wohnungen ausgestattet und zu mieten sind. Sehr schnell habe ich *die* Destination gefunden und zeige Reinhard das Objekt.

»Was? Du meinst das ernst?«, fragt er.

»Das ist etwas ganz Besonderes, das müssen wir unbedingt machen«, antworte ich. Mein Mann denkt nach und sagt: »Ich könnte mir ja noch einen Tag freinehmen, damit wir genügend Zeit haben.« Für diese Spontaneität liebe ich meinen Mann. Bei der nächsten Schlüsselaffäre drücke ich dann gerne ein Auge zu.

Mein Traum wird Wirklichkeit. Wir fahren vom 3. bis zum 8. Mai 2016 auf einen Leuchtturm, der in Istrien auf einem kleinen Felsen von 80 Metern Durchmesser mitten im Meer steht. Die Gäste werden von einem Fischer zur Insel gebracht. Im Leuchtturm wohnt ein Wärter, der den Leuchtturm bedient und auch für etwaige Bedürfnisse der Touristen zuständig ist. Wunderbar, das ist perfekt, und schon ist das Inselabenteuer gebucht. Bald dürfen Sie uns auf diese unglaubliche Reise begleiten. Sie sind live dabei. Wir haben noch zwei Wochen Zeit, um uns auf dieses Abenteuer vorzubereiten, also denken Sie nach, was Sie mitnehmen wollen. Ich freue mich riesig und hoffe, dass ich Sie dabei nicht überfordere. Mitgehangen, mitgefangen.

Die Zeit vergeht wie im Fluge, und die Abreise steht kurz bevor. Ich habe bereits mit dem Fischer telefoniert, um den Termin für die Überfuhr zu fixieren. Ich hoffe, Sie werden nicht seekrank.

Knapp vor der Abreise kommt es, wie es in langjährigen Ehen so üblich ist, zu einem Streit zwischen meinem Mann und mir. Es sind mal wieder die Haushaltspflichten, nicht die Schlüssel, Ehrenwort. Entnervt läuft Reinhard in den oberen Stock und zischt durch die Zähne: »Du kannst allein zu deinem blöden Leuchtturm fahren, ich bleibe da.« Mein Mann neigt immer zu Endzeitlösungen, da gibt es kein Dazwischen. So ganz allein auf dieses Inselchen zu fahren, stelle ich mir nicht so prickelnd vor. Da ich meinen Partner aber kenne, weiß ich, dass ich ihn jetzt in Ruhe lassen muss. Kurz später höre ich ihn sehr dynamisch auf die Tasten seines Klaviers schlagen.

Ich ziehe mich zurück und muss zugeben, dass ich nun doch etwas verunsichert bin. »Was ist, wenn er wirklich nicht mitfährt?« Ich lasse mir alle möglichen Alternativen durch den Kopf gehen, aber mir fällt nichts ein. Langsam gehe ich die Treppe zum Klavierraum hoch, öffne die Türe und sage: »Das kannst du nicht machen, mein ganzes Projekt ist im Eimer. Der Leuchtturm ist ja schon am Buchcover.«

Unbeeindruckt spielt Reinhard weiter und sagt: »Das ist mir doch egal.« Ich schleiche mit einem Kloß im Hals die Treppe hinunter und bin zerknirscht. Die Melodien im oberen Stock werden langsam etwas harmonischer, und ich übe mich in Geduld, was mir nicht leichtfällt, muss ich gestehen. Nach etwa zwei Stunden wage ich es noch einmal und gehe die Treppen hoch, öffne langsam die Tür, strecke den Kopf um die Ecke und lache ihn an. Er reagiert nicht, bemüht sich, ernst zu bleiben, und spielt weiter. Ich verlängere meinen Hals um gefühlte fünf Zentimeter und lache verschmitzt. Dieser Charmeoffensive ist der Pianoman nicht gewachsen und er muss lächeln.

»Du bist so blöd«, sagt er und versucht, das Lachen zu unterdrücken. »Ja, ich bin eh dabei.« Das ist ja noch einmal gut gegangen. Die Vernunft hat gesiegt – oder die Unvernunft?

Bevor wir unser Experiment starten, treffe ich noch das Ehepaar Lehmann. Darauf freue ich mich.

Nicht unvernünftig, aber sehr unkonventionell

Heide und Walter Lehmann erwarten mich bereits in ihrem Haus, begrüßen mich freundlich und bitten mich, Platz zu nehmen. Nachdem ich sie in mein Buchprojekt eingeweiht habe, befrage ich sie zuerst, welche Rolle die Gewohnheit in ihrem Leben spielt. Die beiden sind sich darüber nicht ganz einig.

(Zum besseren Verständnis: »HL« heißt im folgenden Text »Herr Lehmann«, »FL« steht für »Frau Lehmann« und »Ich bin natürlich ich«.)

FL: Ich finde gewisse Rituale wichtig, die sind wie ein Gerüst, sonst verschlampt man im Alter. Ich habe das bei meiner Mutter, die 87 Jahre alt geworden ist, bewundert. Sie ist immer zur gleichen Zeit aufgestanden, hat ihre Sachen immer zu einer bestimmten Zeit gemacht, auch wenn es ihr schwergefallen ist. Dieses Gerüst hat sie eingehalten. Ich bin da anders, das Gerüst läuft nebenher.

HL: Nein, das ist nicht so.

FL: Doch, Walter, irgendwie gehört der Tag schon strukturiert.

HL: Du redest von einem Zeitgerüst, sagst aber immer zu mir: »Du musst deine frische Luft haben, du musst deine Bewegung haben. Du musst so viel haben, was ich meiner Meinung nach nicht brauche.«

FL: Das ist aber wichtig.

HL: Das ist dein Gerüst, nicht meines. Ich war mein

Leben lang flexibel und ich glaube sogar, dass ich in meinem höheren Alter noch flexibler bin. Ich bin ein alter Mann und habe gewisse Leiden und möchte niemandem zur Last fallen, folglich passe ich mich an. Ich bin flexibel, indem ich mich anpasse.

Ich: Sie sind ja auch geistig sehr flexibel.

HL: Das ist wieder etwas anderes.

Ich: Was bedeutet für Sie Unvernunft? Womit verbinden Sie das?

HL: Unter Vernunft verstehe ich, jemand ist gescheit, er ist vernünftig, daher bedeutet mir das Wort Unvernunft wenig.

FL: Ich würde Vernunft teilen. In etwas, das vernünftig ist, weil es, wenn man es nicht macht, böse Folgen hat. Das wäre Vernunft. Unvernunft wäre dann das Gegenteil. Wenn man etwas macht, obwohl man weiß, dass es falsch ist, und es trotzdem tut, ohne an die Folgen zu denken.

Ich: Unvernunft ist zum Beispiel, wenn ich über den Zaun steige und die Kirschen aus Nachbars Garten klaue, obwohl ich weiß, dass er zu Hause ist.

HL: Das würde ich aber nicht als Unvernunft bezeichnen, sondern als blöd.

FL: Mein erster Gedanke war, als Sie mir die Frage stellten: »Herrlich, das passt mir.« Ich mache gerne etwas, was ungewöhnlich ist oder für manch andere ein Blödsinn ist. Das ist subjektiv und eben meine Vorstellung von Unvernunft.

Ich: Was ist ein Blödsinn für Sie?

FL: Um fünf Uhr morgens aufzustehen und auf den Tscheltschnigkogel (kleiner Berg) im Dunklen allein raufzugehen. Solche Sachen mache ich gerne. Manche Leute sagen, dass das unvernünftig ist. Für mich ist das lustig, etwas anderes.

HL: Ich glaube, dass das, was du ansprichst, nicht Unvernunft ist, sondern unkonventionell. Ah, das wünschen Sie, von uns zu hören.

Ich: Das Wort wird eben so unterschiedlich interpretiert,

darum geht es in meinem Buch. Es kann niemand genau sagen, was es ist, deshalb habe ich mich auf die Suche gemacht. Was meinen Sie als Wissenschafter dazu?

HL: Wenn wir da jetzt argumentieren wollen, und Sie ganz schnell eine Antwort von mir haben wollen, ohne »Wenn und Aber«, dann glaube ich, zu verstehen, dass Sie wissen wollen, was unkonventionell ist. Oder, im anderen Sinne des Wortes, ist das, was Sie meinen, das, was man als »blöd« bezeichnet. Unvernunft ist blöd, so würde ich das bezeichnen. Und ich bin nicht blöd und tue auch nichts Blödes. Dazu bin ich viel zu überlegt, aber ich tue viel Unkonventionelles, und das würden Sie wiederum als unvernünftig bezeichnen.

Ich: Sie sind der Erste, der sagt, dass Unvernunft blöd ist.

Herr und Frau Lehmann lachen.

HL zu FL: Meint sie jetzt mit Unvernunft, dass wir was Blödes tun? Du hast ja selbst gesagt, dass das blöd ist, wenn du um fünf Uhr in der Früh auf den Tscheltschnigkogel im Dunklen gehst.

FL: Das sagen nur die anderen, dass ich unvernünftig bin.

HL: Blöd, ich würde es als blöd bezeichnen oder noch blöder, deppert.

(Wir lachen.)

Ich: Nein, um blöd und deppert geht es nicht. Haben Sie irgendetwas gemacht, wo Sie sagen, das ist unvernünftig?

FL: Die unvernünftigsten Sachen sind unsere Reisen.

HL: Ich will sie nicht als unvernünftig bezeichnen, sondern als unkonventionell, weil, wenn ich handle, dann handle ich fast immer bewusst und erwäge, was die Konsequenzen sein werden. Man kann sagen, ich »gamble«. So kann man das bezeichnen.

So hat mein Gespräch mit den zwei erfahrenen Weltenbummlern begonnen, die gemeinsam seit mehr als 40 Jahren per Autostopp die Welt bereisen. Bereits der Beginn des

Gesprächs gestaltet sich als sehr amüsant, und so werde ich dieses Kapitel als Mischung aus Erzählung und Originaldialogen gestalten. Es wäre zu schade, Ihnen die sehr lebendigen Gespräche vorzuenthalten.

Herr Walter Lehmann lebte in Deutschland und war elf Jahre alt, als er im Jahr 1937 mit seiner Familie jüdischen Ursprungs nach Amerika, nach St. Louis, auswanderte. Er studierte physikalische Chemie und entdeckte bereits während des Studiums seine Leidenschaft für das Reisen. Mit 27 Jahren schloss er sein Doktorat ab, verließ die Universität, stellte sich sofort an die Straße, hielt den Daumen raus und startete ein zweijähriges Abenteuer, indem er per Autostopp um die Welt reiste. Danach unterrichtete er an verschiedensten renommierten Universitäten, war sehr erfolgreich im Wissenschafts- und Wirtschaftsbereich tätig. Er hielt weltweit Vorträge.

Als Walter Lehmann Ende 30 war, lernte er einen Ingenieur kennen, der im Luft- und Flugwesen tätig war. Dieser Mann hatte sein Geld, das er in seinem Beruf verdiente, beiseitegelegt und reiste durch die Welt. Wenn ihm das Geld ausgegangen war, bewarb er sich irgendwo an einer amerikanischen Luftwaffenbasis, arbeitete dort für einige Monate, sparte und reiste wieder weiter. Walter Lehmann war beeindruckt und beschloss: »Das möchte ich auch machen.« Der Ingenieur, den er aufgrund seiner außergewöhnlichen Lebensführung sehr bewunderte, war zum Zeitpunkt seines Ausstiegs 47 Jahre alt.

Mit Ende 30 setzte sich Walter Lehmann das exakte Ziel, mit 46 Jahren ebenfalls auszusteigen, um sich endgültig seiner Leidenschaft, dem Reisen per Autostopp, widmen zu können. Er sagte: »Wenn ich so weit bin, mache ich das. Als dann später in Heidelberg mein Gastvertrag ausgelaufen war, war ich 46 Jahre alt und ich stellte fest: ‚Jetzt ist es so weit.‘«

Ich: Warum sind Sie ausgestiegen?

HL: Die Analyse ist, ich habe das Gefühl gehabt, dass

ich sehr erfolgreich war. Ich habe mich nicht weiter mir oder anderen beweisen müssen, wobei mir die anderen eh wurst (egal) waren, und so bin ich ausgestiegen und habe etwas anderes gemacht. Ich wollte frei sein.

Ich: Und was haben Sie dann gemacht?

HL: Zuerst so wenig wie möglich. (Er lacht.)

Ich: Das würden andere als Unvernunft bezeichnen.

HL: Ja, unvernünftig oder unkonventionell, aber als ich ausgestiegen bin, habe ich den Beruf aus Geldgründen nicht mehr gebraucht. Ich war finanziell selbstständig und deshalb auch nicht abhängig von einer Pension, die durch meinen Entschluss natürlich weggefallen ist. Ich habe mir exakt ausgerechnet, dass ich, wenn ich weiterhin so lebe wie bisher, effektiv von den Zinsen meines Ersparten leben kann und dadurch frei bin. So konnte ich reisen und andere Dinge kennenlernen.

Ich: Sie sind ausgestiegen, was haben Sie dann gemacht?

Herr Lehmann fuhr nach Beendigung der Gastprofessur an der Universität Heidelberg nach Altaussee, unternahm lange Wanderungen und Bergtouren und war körperlich so fit, dass die Einheimischen sagten: »Mit dem Lehmann darfst nicht mitgehen, der bringt dich um.« Er genoss die Natur und die Menschen und ließ sich Zeit, um in sein neues Leben umzusteigen.

Ich: Ich empfinde Ihren Ausstieg aus einer erfolgreichen wissenschaftlichen Karriere als sehr mutig.

HL: Vielleicht mutig, aber ich bin nicht »bubbly«, überschäumend. Das bin ich nicht.

FL: Nein, das bist du nicht, das ist nicht dein Wesen. Du machst einiges, aber spontan bist du nicht.

HL: Den Ausstieg habe ich mir lange überlegt. Ich habe mir meinen Vater als Vorbild genommen.

Der Vater von Herrn Lehmann lebte in Deutschland und arbeitete als Rechtsanwalt. Er hatte viel gespart und dann 1924 durch die Weltwirtschaftskrise, die Inflation, alles verloren. Dann sparte er wieder und verlor durch die Untreue seines Bankiers sein gesamtes Vermögen ein zweites Mal. Als er erneut eine große Summe angespart hatte, musste die jüdische Familie aus Deutschland auswandern, und so verloren sie wieder alles. Walter Lehmann zog für sich folgenden Schluss: »Ich möchte nicht ein Leben lang sparen, meine ganzen Aktivitäten einschränken, um dann alles zu verlieren. Wenn ich genug habe, dann ziehe ich meine Konsequenzen und gehe meiner Leidenschaft, dem Reisen, nach.«

Heide war Witwe, als sie ihren Walter in Döbriach in Kärnten nach einem Diavortrag, den sie gehalten hatte, kennenlernte. Sie führte bis zum Tod ihres Mannes, der um vieles älter und eine sehr prominente Stadtpersönlichkeit in Villach war, das Leben einer »Grande Dame«. Sie wanderte sehr gern und interessierte sich für die geschichtlichen Hintergründe der Landschaften und kannte sich deshalb sehr gut in Kärnten aus. Bereits damals dokumentierte sie ihre Wanderungen und war im touristischen Bereich tätig, um Urlauber für Kärnten zu begeistern. Nach dem Vortrag in einem Gasthaus kam Walter Lehmann, der ihren Ausführungen gelauscht hatte, auf sie zu und stellte ihr viele Fragen. Sie lernte ihn näher kennen und lieben, und sie heirateten. Erst dann verstand sie, was sich hinter seiner Neugier verbarg. Sehr schnell steckte ihr Mann sie mit seiner Reiseleidenschaft per Autostopp an, doch es gab einige Anfangsschwierigkeiten, die Heide erst verdauen musste.

HL: Viele der Dinge, die wir machten, benötigten viel Überredungskunst.

FL: Was meinst du damit?

HL: Das Autostoppen.

FL: Da hast du mich nicht viel überreden müssen.

HL: Doch. Es hat eine Zeit lang gedauert.

FL: Nein, wir haben beide beschlossen, das zu tun, weil

uns alles zu blöd war. Vor 40 Jahren haben wir das gemeinsame Autostoppen gestartet.

HL: Unsere erste Autostoppreise von zu Hause aus ging nach Skandinavien. Meine Frau hat sich als »First Lady«, die sie bis dahin war, nicht wohl dabei gefühlt, per Autostopp zu reisen. Wir haben einen Rahmenrucksack für Autostopper gekauft, den man auch in den Gatsch (Dreck) stellen kann, weil wir eine Reise zum Nordkap geplant hatten. Da habe ich zu Heide gesagt, dass wir den mal ausprobieren müssen, bevor wir unsere Reise starten. Ich schlug vor, mit dem Rucksack auf den nahe gelegenen Oswaldiberg zu gehen, damit sie sich daran gewöhnen konnte, mit dem Gepäck am Rücken zu reisen. Meine Frau wehrte sich vehement dagegen und weigerte sich, mit mir auf den Berg zu gehen, da sie ja von den Klatschbasen aus der Nachbarschaft gesehen werden könnte. Es ging ihr vollkommen gegen den Strich, das in der Öffentlichkeit zu machen. Sie war aber dann doch flexibel genug, das auszuprobieren. Als wir dann unsere Reise begannen, mussten wir zuerst zum Bahnhof kommen und dann weiter in die Auen (Stadtteil) gehen, von wo wir unser erstes Autostoppabenteuer starteten. Nachdem sich meine Frau weigerte, nahmen wir ein Taxi zum Bahnhof, um nicht gesehen zu werden, und dann fuhren wir mit dem Bus weiter bis zu der Stelle, wo wir erstmals gemeinsam unsere Daumen rausstreckten. Als wir an der Autobahnauffahrt standen, fühlte sich meine Frau persönlich beleidigt, wenn sie von den Autofahrern stehen gelassen wurde. Dann sagte ich zu ihr: »Du hast eine falsche Einstellung, du musst mit den Leuten Mitleid haben. Die haben ja keine Ahnung, wen sie da stehen lassen.«

FL (lacht): Ja, so bin ich hineingewachsen. Es ist mit der Zeit immer leichter geworden, weil wir älter geworden sind. Wir wurden immer schneller mitgenommen. Die Wartezeiten wurden kürzer, da die Autofahrer uns alte Menschen nicht stehen lassen wollten.

Ich: Was hat Sie, Frau Lehmann, doch überzeugt, bei diesen Reisen mitzumachen?

FL: Wir waren da ja schon verheiratet, da musste ich mitziehen. Ich habe das ja nicht gekannt. Mein verstorbener Mann war aufgrund seiner beruflichen Funktion ein sehr angesehener Mann in Villach, und ich war die »First Lady«, immer schön brav und vernünftig.

HL: Und dann trifft sie »nur« auf einen Universitätsprofessor, der noch dazu ausgestiegen ist.

FL: Ich wusste gar nicht, was da auf mich zukommt. Dann haben wir geheiratet. Ich habe ja dann selber vorgeschlagen, dass wir nach Skandinavien per Autostopp fahren.

HL: Nein, zuvor waren wir in England.

FL: Ja, da war ich ja sofort dabei. Das hat mir gefallen.

HL: Ja, aber das ist das, was ich sage. Man muss dich überreden, und dann bist du flexibel genug, unvernünftig genug, darauf einzusteigen. Wir sind ja nicht gereist, um Vorträge zu halten, sondern wir haben danach beschlossen, dass wir Vorträge halten können. Da habe ich meiner Frau vorgeschlagen, nachdem es so viel Vortragskonkurrenz gab, dass wir aus dem Rahmen fallen müssen mit einem ungewöhnlichen Vortragstitel. Und so entstand der ursprüngliche Titel: »Mit der jungen Oma per Autostopp unterwegs«, und da hat meine Frau gesagt: »Das geht nicht. Das sind amerikanische Methoden, und wir Österreicher sind ernsthafte Menschen. Dieser Titel ist lächerlich.« Anfangs dachte sie sehr konventionell, war aber trotzdem zu überzeugen, dass wir es probieren sollten. Du warst bereit, deine Meinung zu ändern.

FL: Ich habe dann gesagt: »Eigentlich ist das eine gute Idee, ich bin dabei.«

Ich: Wie war das Gefühl, als aus der »Grande Dame« eine Autostopperin wurde.

FL: Es war herrlich.

HL: Es wird ja nicht gerade leichter, wenn man älter wird. Körperlich ist das schon eine Herausforderung.

FL: Ja, einerseits ist es anstrengend, und andererseits ist es die leichteste Methode, zu reisen. Man braucht sich nicht um Reservierungen zu kümmern und nicht mit dem blöden Internet herumtun, dass ich irgendwelche Hotels kriege. Ich muss nicht überlegen, wann und wo ein Zug oder Flugzeug weggeht. Wir müssen nichts tun, stellen uns hin und haben dann einen Privatchauffeur.

HL: Man ist sehr frei, aber es geht auf Kosten der Sicherheit. Das Wetter ist unzuverlässig, mit dem eigenen Auto ist das egal. Wir stehen aber oft im Regen oder im Schnee an der Straße.

FL: Das ist ja egal.

HL: Das Autostoppen ist mühsam, aber es ist uns die Mühe wert, weil wir so viel daraus schöpfen.

Ich: Warum fahren Sie nicht mit dem Zug?

FL: Das ist viel zu fad.

HL: Wir sind an den Menschen interessiert, und wenn du im Zug reist, kommst du mit gewissen Menschen nicht in Berührung. Da könnte man eine ganze Liste aufzählen, welch ungewöhnliche Menschen wir kennengelernt haben.

FL: Ich fahre deswegen so gerne in fremdsprachige Länder per Autostopp. Da ich ein wenig Französisch spreche, kommen wir gut durch. Mein Mann stellt die Fragen, und ich verstehe die Antworten.

HL: Manchmal, wenn man nur im Regen steht, fragt man sich schon, warum man sich das angetan hat. Wissen Sie, was Charakter ist? Wenn man als Autostopper im Regen am Ende des Tages nur wenige Kilometer von einer Stadt entfernt an der Straße steht, und es kommt ein Stadtbus. Charakter ist, wenn man den Bus dann nicht nimmt.

FL: Das hat sich immer ausgezahlt, immer.

HL: Weil der nächste Fahrer ist sicher einer von dort und der ist uns dann behilflich bei der Suche nach einer Unterkunft, und wir setzen uns dann oft noch zusammen und erfahren viel über die Stadt und die Gegend. Danach sagen wir dann immer: »Siehst du, das war es wert.«

Die beiden erzählen, dass sie sich manchmal wie fahrende Psychologen fühlen, da sich die Chauffeure öffnen, und man ihnen sehr nahekommt. Sie erzählen über ihre Probleme, und die beiden sind in diesem Fall die Psychiater vom Dienst.

Sie fuhren einmal mit einem jungen Burschen in Sardinien, der gerade an diesem Tag seinen dreißigsten Geburtstag hatte. Frau Lehmann feierte am selben Tag ihren sechzigsten Geburtstag. Der junge Mann wirkte sehr traurig und nachdenklich und sagte, dass sein Leben jetzt vorbei sei. Frau Lehmann sagte zu ihm, dass sie doppelt so alt sei wie er und dass sie ihr Leben als Autostopperin, unabhängig vom Alter, genießt und dass das Leben so schön sei, wenn man was daraus macht. Die beiden motivierten den jungen Mann, bis er sich lächelnd bedankte und sagte, dass er nach diesem Gespräch wieder weiterleben könne. Solche Erlebnisse bereiten den beiden eine große Freude, und sie sagen, dass man so etwas während einer Zugreise nie erleben würde.

Frau Lehmann ist zuständig für die Reiseplanung und recherchiert im Vorfeld akribisch, legt die genaue Reiseroute fest, plant, wann sie wo sein wollen und in welcher Stadt sie übernachten werden. Sie reserviert aber nichts, da sie beide eine größtmögliche Flexibilität haben wollen.

FL: Die Sehenswürdigkeiten, die ich so im Kopf habe, die liegen ja nicht immer irgendwo auf der Straße. Einmal waren es irgendwelche Felsengräber in Sardinien, oder in Marokko wollte ich unbedingt einen Sonnenuntergang sehen. Unsere Fahrer sind natürlich nicht immer genau dorthin gefahren, deshalb musste ich sie mit psychologischem Geschick dazu bringen. Und das war das Lustige daran.

HL: Aber wir überreden niemanden. Das tun wir nicht.

FL: Es war in Sardinien. Ich erzähle unseren Fahrern

immer, dass wir einen »angelo« (einen Engel) haben, der uns überallhin begleitet und der auf uns aufpasst. In Italien zieht der »angelo« natürlich umso mehr und hilft uns immer. Also habe ich dem Fahrer vom »angelo« erzählt, und dann haben wir wieder über etwas anderes geredet. Ganz beiläufig erwähnte ich: »Hier in der Gegend, da gibt es doch Felsengräber. Ich habe mal etwas darüber gehört.« Danach wechselte ich das Thema. Nach einer Zeit habe ich wieder die Frage gestellt: »Wenn wir zu den Felsengräbern wollen, wo müssen wir abzweigen, damit wir sie finden?« Dann habe ich wieder über etwas anderes gesprochen, bin jedoch thematisch immer wieder zu den Felsengräbern zurückgekehrt. Irgendwann antwortete der Mann am Steuer: »Ich hab's schon verstanden. Der ‚angelo' sitzt ja eh schon am Steuer und bringt Sie zu den Felsengräbern.« Das sind so nette »challenges« beim Fahren, es ist wie ein Spiel.

HL: Gutes Autostoppen ist »Applied Psychology« (Angewandte Psychologie).

Ich: Was hat das Autostoppen Ihrer Ehe an Positivem gebracht?

FL: Es bindet aneinander. Da sind so viele schöne Erlebnisse, die wir teilen. Wir sind in diesem Autostopperleben durch solche Höhen und Tiefen gegangen. Das gemeinsame Erleben und die Erinnerungen, wie wir uns gegenseitig geholfen haben, das war für unser Zusammenleben eine wunderbare Schule.

Heide und Walter Lehmann sind von Marokko bis zum Nordkap und von der Türkei bis Island gereist. Sie erzählen, dass sie ganz Europa per Autostopp durchquert haben und zusätzlich Nordamerika, die neue Welt. Zusammen waren sie in 40 Bundesstaaten, einschließlich Hawaii, Alaska, Mexiko und Guatemala. Guatemala hätte sie ein paar Kilos gekostet, sagt Heide Lehmann. Sie haben einen Großteil der Welt gesehen.

Ich: Was ist Ihr Ziel, wo wollen Sie noch unbedingt hin?

FL: Ich weiß nur, wo ich nicht hinwill, und das sind die Länder, in denen ich schon mal war.

HL: Das ist nicht richtig.

FL: Doch, das ist richtig, weil ich die Länder immer anders in Erinnerung habe, und wenn man ein zweites Mal hinfährt, bin ich enttäuscht.

HL: Du warst aber schon einmal in Andalusien und hast es das zweite Mal trotzdem genossen.

FL: Ja, aber unsere Autostoppreisen waren trotzdem schöner als diesmal, als wir mit dem Zug anreisten. So etwas lässt sich nicht wiederholen und vor allem nicht, weil die Erinnerung trügt. Ich würde gerne wohin, wo ich noch nie war.

HL: Du warst schon so oft in den USA und du fährst noch immer gern hin.

FL: Ja, das sind aber immer wieder Gebiete, die wir nicht kennen.

HL: Ja, zum Beispiel eine unserer sehr schönen Reisen führte uns in den Nordwesten der USA. Dieses Gebiet kennen wir wie unsere Hosentaschen. Da haben wir alles Wichtige schon gesehen und so haben wir beschlossen, die unwichtigen Dinge anzusehen.

FL: Das waren Kleinigkeiten. Da und dort einen Wasserfall oder einen kleinen Zoo oder einen versteckten Park, den wir nicht kannten.

HL: Jemand, der das Wichtige sehen will, ist immer auf Trab, um alles in der begrenzten Zeit unterzubringen. Wenn wir aber das Unwichtige sehen wollen und die wichtigen Dinge auslassen, dann können wir improvisieren und bleiben, wenn es uns gefällt. Das ist der Vorteil solcher Reisen. Da sehen wir trotzdem sehr viel Neues.

FL: Da gibt es noch so viel anderes, was selten in Reiseführern erwähnt wird. Eine kleine Bibliothek, ein wunderschöner Garten oder eine kleine Indianersiedlung. Das sind alles so kleine Zuckerln, die man beim langsamen Reisen erfährt.

HL: Man sieht überhaupt so viel mehr, wenn man langsam reist.

FL: Uns ist es egal, wie viele Kilometer wir machen. Wir wollen einfach in die Tiefe gehen und das Gesehene einsinken lassen.

Die Lehmanns führen eine Statistik darüber, von wie vielen Autofahrern sie bisher mitgenommen wurden. Jede ihrer Reisen dauerte ungefähr zwei Monate, in denen sie von etwa 150 bis 200 Fahrern chauffiert wurden. In ihrer gesamten 40-jährigen Autostoppkarriere hatten sie 6000 bis 7000 Autofahrer. Mit vielen sind sie heute noch in Kontakt, und sie besuchen einander gegenseitig.

Herr Lehmann will mir unbedingt noch von einer ihrer ersten Reisen erzählen.

HL: Es war eine Autostoppreise in das damalige Jugoslawien, das war ein »Pre-Honeymoon«.

FL: Da wurden wir festgenommen und verhört. Damals war es noch sehr gefährlich in Jugoslawien. Sie haben uns die Pässe abgenommen und als Spione verhaftet. Das war ein echter Nervenkitzel.

HL: Aber unser echter »Honeymoon« war eine siebenwöchige Reise nach England per Autostopp.

Herr Lehmann ist heute 90 Jahre alt und witzelt, dass er ein paar Monate älter als die Queen ist. Frau Lehmann ist 79 Jahre alt. Während des Gesprächs streifen wir noch einmal die Unvernunft.

FL: Ich finde es als älteres Ehepaar überhaupt nicht unvernünftig, Autozustoppen, sondern eher erfrischend, wenn man etwas macht, was anders ist. Meine Kinder genieren sich furchtbar für mich, da sie eher konventionell sind.

HL: Wir machen ja die Sachen nicht, um anders zu sein.

FL: Wir machen das, weil es uns gefällt. Wenn ich zum Beispiel diese Mondscheinwanderungen mache und dann am Berg in ein eiskaltes Bacherl steige, wo wirklich noch Eis drin ist, da fühle ich mich glücklich. Ich stelle mich unter einen Wasserfall, weil mich das erfrischt.

HL: Ja, das ist sehr erfrischend. Gewisse Dinge habe ich ja mitgemacht.

FL: Ja, das haben wir miteinander gemacht.

Ich: Wann fühlen Sie sich besonders lebendig, sodass das Herz flattert, die Augen staunen etc.?

HL: Da bin ich nicht so.

FL: Nein, dazu bist du zu phlegmatisch.

Ich: Das glaubt man ja gar nicht, Sie kommen ja so humorig rüber, auch im Vortrag.

FL: Das ist er schon, aber im Vergleich zu mir ist mein Mann der Ruhigere. Ich explodiere schon manchmal.

HL: Manchmal gehe ich gerne aus meiner Haut heraus und schaue mir den an und lache über ihn. (Er meint sich.)

FL: Um auf Ihre anfängliche Frage zurückzukommen, was Gewohnheit für mich bedeutet, dann wird mir klar, dass ich gerne außerhalb der Gewohnheit lebe, unsere Reisen genieße und dabei immer glücklich bin. Aber wenn ich zurückkomme, dann brauche ich wieder Zeit, um Gewohnheit zu leben, wie ein Baum, den man lange geschüttelt hat. Danach muss er wieder seine Wurzeln festigen. Das darf aber nicht zu lange dauern, dann müssen wir wieder weg.

Mein Resümee aus unseren Abenteuerjahren auf der Straße ist ein volles, buntes, bewusst gelebtes Leben. Wenn ich zurückschaue, dann sehe ich eine wunderschöne bunte Kugel mit herrlichen Erinnerungen. Schöner kann's gar nicht sein.

HL: Eines meiner auffälligsten Charaktermerkmale ist die Neugier. Als guter Wissenschafter musste ich ja neugierig sein, das gehört zum Beruf dazu. Und diese Neugier treibt mich zum Autostoppen. Da lerne ich so viel. Unsere Reisen sind keine Urlaubsreisen in konventionellem Sinn, sondern effektiv Studienreisen.

FL: Die Neugier kann man aber auch außerhalb der Reisen haben, jeden Tag. Wenn man mit offenen Augen durch die Welt geht, sieht man so viel Lebendiges.

Ich: Was fasziniert Sie an Leuchttürmen?

Frau Lehmann breitet ein großes Plakat auf dem Tisch aus, wo sämtliche Leuchttürme Nordamerikas abgebildet sind.

FL: Ich liebe das Meer mit seiner unendlichen Weite, die mich öffnet. Und der Leuchtturm steht am Meer und verbreitet eine ganz eigene Atmosphäre. Ich stelle mir die Aufgaben des Leuchtturmwärters als »challenge« vor, die aus einer Verantwortung für die Kombination aus Natur und Technik besteht. Er sitzt im Leuchtturm, der so herumblitzt, und koordiniert das Leben am Meer. Das fasziniert mich, anders kann ich es nicht beschreiben. Ich kenne auf alle Fälle alle Leuchttürme von Amerika.

Ich: Was möchten Sie den Leserinnen und Lesern aus Ihren Erfahrungen weitergeben?

HL: Uns tut das Autostoppen gut, ich kann das aber nicht als Patentrezept anraten.

FL: Ich habe ja die Absicht, 100 Jahre alt zu werden. (Zum Ehemann) Unser Ehevertrag läuft ja nur bis 100, das weißt du ja. Für mich ist das Wichtigste, neugierig zu sein, Humor zu haben und die Dinge locker zu nehmen und nicht rundum Ecken und Kanten aufkommen zu lassen. Das ist mir wichtig, das Herumwandern, um die Gesundheit im Kopf aufrecht zu erhalten. So könnte es noch lange weitergehen. Und ich wünsche mir, meinen Walter so lange wie möglich an meiner Seite zu haben. Er ist mir so vertraut wie ein richtig guter Polster, an den man sich anlehnen kann.

HL: Ja, aber wenn du 100 Jahre alt werden willst, muss dir schon bewusst sein, dass du einen Teil deines restlichen Lebens ohne mich verbringen wirst.

FL: Ja, das stimmt.

HL: Meine Triebfeder ist die Neugier, und ich muss gestehen, dass mein Gedächtnis schon etwas nachlässt und es wird noch mehr nachlassen. Dann geht es nicht mehr darum, die Neugier zu befriedigen.

FL: Solange du sie hast, hast du sie.

Ich: Haben Sie das Gefühl, etwas versäumt zu haben?

FL: Damit befasse ich mich nicht. So lange es geht, wollen wir reisen. Eines meiner kleinen Ziele für dieses Jahr ist es, noch einmal auf die Trisselwand im Ausseer Land zu gehen. Das ist mein Lieblingsberg, der aber sehr steil ist.

HL: Da kann ich aber nicht mehr mitgehen, wegen meiner Hüfte. Ich habe die Schaufensterkrankheit, einen schlechten Kreislauf in den Beinen. Da staut es sich, und ich muss immer kurz ausrasten, und damit man es nicht merkt, bleibe ich in der Stadt immer kurz vor den Schaufenstern stehen und dann gehe ich weiter.

FL: Wenn wir gemeinsam unterwegs sind, und mein Mann bleibt stehen, sage ich immer: »Denk nicht, geh.«

Ich: Denken Sie über den Tod nach?

HL: Da muss ich nicht nachdenken. Das ist ein Fakt. This is a fact of life.

FL: Der kommt einfach. Carpe diem, aber ich habe eh noch Zeit bis 100.

HL: Irgendwann einmal, wenn ich genug habe, werde ich gehen. Wenn ich ein gutes Rezept dafür bekomme, wie das funktioniert, dann mache ich das.

Während des vormittäglichen Gesprächs mit dem Ehepaar Lehmann trinken wir gemeinsam jeder zwei Gläser Weißwein, und ich verabschiede mich leicht beschwipst und mehr als inspiriert von diesen beiden großartigen Menschen, die mit Begeisterung ihre Leidenschaft leben. Danke, liebe Heide und lieber Walter, für das Gespräch.

Der Leuchtturm ruft

Wir fahren nach Kroatien, und Sie sind unsere Begleiterinnen und Begleiter. Wir haben alles zusammengepackt und reisen am frühen Nachmittag los nach Rovinj, einem malerischen Städtchen in Istrien, wo wir einmal übernachten. Nach kurzer Suche finden wir ein schönes Zimmer und spazieren Richtung Meer, um ein Restaurant mit Fischspezialitäten zu suchen, das uns die Vermieterin empfohlen hat. Nach einem herrlichen Menü, bestehend aus Spaghetti buzara und anschließendem Goldbarsch, reichlich Wein und Grappa, wanken wir zurück in unsere Unterkunft.

Am nächsten Morgen haben wir noch ein wenig Zeit, spazieren durch Rovinj, trinken Cappuccino und sehen uns eine Ausstellung von Marc Chagall an. Dann geht es weiter nach Premantura, wo wir uns mit dem Fischer, der uns zum Leuchtturm bringt, in Verbindung setzen. Um 16 Uhr treffen wir Gianni, einen großen, kräftigen Mann um die 70, mit weißem Bart und wettergegerbtem Gesicht, und wir fahren zum Hafen, wo sein Fischkutter verankert ist. Gianni spricht sehr gut Deutsch und er erklärt uns, dass er den Leuchtturmwärter noch nicht erreicht hat, er uns aber auf der Insel absetzt, und wir da auf ihn warten sollen. Der Himmel ist leicht bewölkt, und es bläst die Bora, ein stürmischer Wind. Gianni lädt unser Gepäck, das aufgrund unserer Fotoapparate, Kameras, Laptop, Schreibmaterialien, Essensvorräte, Wein etc. sehr umfangreich ist, auf sein kleines Fischerboot. Die geplante Überfuhr dauert laut Angaben der Reiseagentur ungefähr eine halbe Stunde. Ich habe keine Ahnung, wie ich das heftige Schaukeln vertragen werde, aber ich freue mich schon sehr auf dieses Abenteuer. Ein zweiter, junger Fischer steigt ebenfalls in das Boot und bereitet die Netze vor, die nach unserer Überfuhr im Meer ausgelegt werden. Gianni reicht mir einen Hocker mit drei Beinen und rät mir, mich hinzusetzen. Da es keine weitere Sitzgelegenheit gibt, hält sich Reinhard an den Stangen des Fischkutters fest, und wir starten. Gianni und der junge Fischer sitzen in der Kajüte und steuern das Boot auf das offene Meer. Kräftige Wellen schleudern uns hin und her, doch ich beruhige mich damit, dass die Fahrt nicht lange dauern wird. Ich bemühe mich, locker zu bleiben, da das Boot durch die heftigen Wellen wie eine Nussschale hin- und hergeschleudert wird. Ich spüre die zuvor verzehrten Cevapcici ein wenig höher rutschen. Reinhard scheinen das Wackeln und der zeitweilige Schrägstand des Bootes nichts auszumachen, und er fotografiert und filmt. Das beruhigt mich, und so versuche ich auch, diese Fahrt zu genießen, indem ich mich erde, und schon fühle ich mich sicher. Wenn ich mich in einer momentanen Schieflage befinde, die Erdung funktioniert immer, sogar im Flugzeug. Wir passieren eine kleine Insel, namens Fenoliga, auch »Dinosaurier-Insel« genannt, wo im Felsen fünf Abdrücke von Dinosaurierspuren, die 70 bis 90 Millionen Jahre alt sind, zu sehen sind. Wegen des Sturms können wir die Insel nicht anfahren, schade. Das hätte mich schon sehr interessiert, da ich mich ja beruflich mit dem Gehen und dessen Auswirkungen auf unser Leben beschäftige. Da wäre ein echter Dinosaurierabdruck natürlich schon sehr spektakulär für meine Biografie gewesen.

Die Insel mit dem 35 Meter hohen Leuchtturm wird sichtbar, und mir wird klar, dass dies keine Insel ist, sondern wirklich nur ein Inselchen, wenn überhaupt. Im Grunde ist es ein Felsen, in dessen Mitte der wunderschöne Leuchtturm, erbaut in Zeiten der österreichischen Monarchie, hochragt. Mir ist noch nicht klar, wie Gianni dort anlegen wird. Da der Fischer während der Fahrt den Leuchtturmwärter nicht erreicht hat, erklärt er uns, dass wir die Insel noch nicht anfahren können, da die zwei Hunde des Wärters frei herumlaufen und niemanden auf die Insel lassen. Hilfe, wilde Inselhunde! Wir müssen mit ihm noch weiterschippern, da er mit seinem Kollegen die Fischernetze auswerfen muss. Danach wird er uns zum Leuchtturm bringen.

Die Abenteuerfahrt geht weiter, und ich habe mich mittlerweile an die stürmischen Wellen gewöhnt, da ich mich breitbeinig hingestellt habe und gut geerdet bin. Ich fühle mich ein wenig in den Roman von Ernest Hemingway »The Old Man and the Sea« versetzt und genieße diesen Extraausflug, da ich doch glaube, dass der bärige Seemann weiß, was er tut, und so vertraue ich ihm. Gianni lacht und sitzt entspannt am Steuer, während der junge Fischer eine Boje auswirft und die Netze auszulegen beginnt. Wir ziehen weite Kreise mit dem Boot und haben den Leuchtturm ständig im Blickfeld. So umkreisen wir unsere Herberge und können dieses wunderschöne Plätzchen aus allen Perspektiven bewundern.

Nach etwa zwei Stunden bringt uns Gianni zur Insel, und wir werden freundlich von Ivo, dem Leuchtturmwärter, begrüßt, der uns hilft, unser Gepäck aus dem Boot zu laden. Wir trinken noch gemeinsam mit den beiden Fischern ein Bier, und Gianni verspricht uns, morgen Fische vorbeizubringen. Ivo spricht kein Deutsch, nur ein wenig Italienisch, und so unterhalten wir uns mit Händen und Füßen. Die Sympathie zwischen uns ist sofort da, und es findet eine lebhafte Kommunikation ohne überflüssiges Geplänkel statt, von Herz zu Herz. Ivo stammt aus Bosnien und lebt seit mehr als 30 Jahren in Premantura. Seit 22 Jahren ist er Leuchtturmwärter und verbringt fünf Tage pro Woche nonstop in seiner kleinen Wohnung im Leuchtturm. Dann wechselt er sich mit seinem Kollegen ab, er überwacht den Schiffsverkehr, die Radargeräte, überprüft die Leuchten und kann sich über Funk mit sämtlichen sich nähernden Schiffen verbinden. Gleichzeitig betreut er die zwei Wohnungen im Leuchtturm, die von Mai bis September vermietet werden.

Er bittet uns, auf der gemütlichen Terrasse vor dem Leuchtturm Platz zu nehmen, da die Wohnung noch nicht fertig vorbereitet ist. Die Sonne scheint, ein kräftiger Wind bläst, und wir setzen uns an einen windgeschützten Platz hinter der weißen Mauer, die den Leuchtturm vom Meer trennt. Es ist so ein irreales Gefühl, hier zu sein, und ich bin bereits jetzt beeindruckt von diesem ungewöhnlichen Ort mitten im Meer. Und mein Liebster ist auch dabei und wirkt sehr zufrieden. Ivo ist nun fertig und zeigt uns unsere Wohnung, die sehr zweckmäßig eingerichtet ist. Hinter diesen dicken Mauern ist es sehr kalt, scheint mir. Ivo sagt, dass wir die ersten Gäste nach der Winterpause sind und die Wände sich erst aufheizen müssen. Nun lädt uns der Leuchtturmwärter ein, mit ihm den Turm zu besichtigen. Die Führung beginnt vor der Tür, wo er uns ein Schild beim Eingang mit dem Erbauungsjahr 1833 zeigt. In diesem Jahr wurde das Gebäude zu Zeiten der österreichischen Monarchie erbaut und war lange in österreichischem Besitz. Es gibt in Kroatien und Dalmatien insgesamt 47 Leuchttürme aus dieser Zeit. Ivo zeigt uns die Zisterne, die 30 Kubikmeter Wasser fasst. Einen Stock tiefer befindet sich eine Wasseraufbereitungsanlage, die das Meerwasser in Trinkwasser umwandelt. Das Salz wird zu 90 Prozent dem Wasser entzogen und kommt wieder zurück ins Meer. Etwa zehn Prozent Salz bleiben im Trinkwasser. Ivo lädt uns auf eine Kostprobe ein, die nach Trinkwasser schmeckt. Dann geht es nach oben. Eine schwarze schmiedeeiserne, enge Treppe führt steil nach oben, und er öffnet eine kleine Tür, die ins Freie führt. Wir stehen auf einem wunderbaren Rundgang, der um den Turm führt, und blicken in die Weite des Meeres. Dann steigen wir weiter hoch.

Bald öffnet er wieder ein Türchen, das im ersten Moment nicht erkennbar ist, und bittet uns wieder ins Freie zur zweiten Terrasse, die über zwei kleine schräge Ziegeldächer zu betreten ist. Mir scheint, dass dieser Turm überall kleine versteckte Türchen und Fenster hat, die uns Ivo voller Stolz zeigt. Nun mündet die Wendeltreppe in eine rote Steinstiege, die fast wie ein roter Teppich aussieht, der die Königin des Leuchtturms ankündigt, das Signallicht.

Zuvor wird es noch steiler, und die letzte Hürde, die zu überwinden ist, ist eine rote Eisenleiter, die steil nach oben führt. Jetzt haben wir die 31 Meter geschafft und stehen vor dem kristallenen Signallicht, das der Sicherheit und Orientierung der Seeleute dient. Elegant und majestätisch funkelnd durch die reflektierenden Sonnenstrahlen dreht es sich im Kreis, auf 35 Metern Höhe, dem höchsten Bereich des Turmes. Beeindruckt betrachten wir dieses funkelnde Meisterwerk mit der Meereskulisse im Hintergrund.

Doch das ist nicht der Höhepunkt, Ivo zaubert noch einen Trumpf aus seinem Ärmel und bittet uns, ein paar Stufen tiefer zu steigen und uns an einer Leiter vorbeizuquetschen. Dann öffnet er ein letztes weißes Türchen, und der Ausblick, der sich uns jetzt bietet, ist gigantisch. Um den beinahe höchsten Punkt des Turmes führt ein schmaler Rundgang, den zu betreten nur Menschen empfohlen wird, die schwindelfrei sind. Auf den ersten Blick erscheint es auch mir etwas gefährlich, aber nachdem Ivo mich bittet, hinauszusteigen, kann ich nicht widerstehen. Reini bleibt lieber im sicheren Innenbereich, während ich mich mit beiden Händen an einem weißen Geländer, ähnlich einer Schiffsreling, festhalte und mich vorsichtig um den Turm hantle. Der Ausblick ist umwerfend, und ich fühle mich wie in einem Traum, während ich von diesem ungewöhnlichen Ort aus auf das glitzernde Meer blicke. Wind und Sturm haben sich gelegt, und der Himmel ist wolkenfrei, wie blank geputzt. Ich könnte ewig hier stehen bleiben und diesen Moment genießen und fühle mich wie ein kleines Kind, das die Welt neu entdeckt. Auch Reinhard zeigt seine Begeisterung mit »Wow, ah und oh« und fotografiert und filmt. Ivo erklärt uns stolz seine Radargeräte, Signallichter, Morseapparate, Wettermessstationen etc. Wir versuchen, die technischen Details zu verstehen, aber da stehen doch einige Sprachbarrieren dazwischen, gerade wenn es um Technik geht. Also kann ich es nur so in etwa wiedergeben, aber ich frage Ivo noch mal genauer und ich werde versuchen, ihn besser zu verstehen. Ich will Ihnen ja keine Halbwahrheiten erzählen.

Langsam steigen wir wieder den Turm hinab, noch immer beeindruckt von diesem besonderen Ort.

Wir öffnen eine Flasche Rotwein, richten einen Teller mit Prosciutto, Parmesan und Weißbrot an und laden Ivo ein, mit uns gemeinsam zu essen und ein Gläschen Wein zu trinken, Proviant haben wir ja genug dabei. Wir sitzen vor dem Leuchtturm, essen, unterhalten uns, trinken Wein und betrachten die feuerrote Sonne, die langsam im Westen im Meer versinkt. Der Himmel ist glutrot, und ich fühle mich gerade wie der »Kleine Prinz« beim Betrachten des Sonnenuntergangs. Ich habe so eine Stimmung in dieser Intensität noch nie erlebt und bin einfach nur glücklich. Da verschlägt es sogar mir die Sprache.

Die erste Nacht im Leuchtturm ist eiskalt, und wir ziehen uns alles an, was wir mithaben, Zwiebellook, sozusagen. Die dicken Steinmauern strahlen eine Kälte ab, und ich kann nicht gerade sagen, dass es sehr gemütlich ist, aber meine heißen Wellen sind zuverlässig und versorgen mich zumindest zwischendurch mit einer annehmbaren Wärme. Reinhard hingegen friert gnadenlos. An eine heiße Liebesnacht ist schon gar nicht zu denken. Komischerweise schlafe ich sehr gut, wo ich doch sonst eher selten durchschlafe. Reinhard schläft kaum, was wahrscheinlich am Elektrosmog liegt, wegen der vielen technischen Geräte im Turm, meint er. Das ist interessant, da es mit den Schlafgewohnheiten sonst umgekehrt ist. Vielleicht brauche ich ein Quäntchen Elektrosmog, um gut zu schlafen? Der zweite Tag auf dem kleinen Inselchen ist angebrochen, es ist sehr windig und bewölkt, und wir sind noch etwas unterkühlt von der Nacht. Gianni, der Fischer, hat bereits ein Plastiksackerl mit frischen Seezungen, Rotbarben und Goldbrassen an die Tür gehängt. Wir genießen die Morgenstimmung, ich muss aber gestehen, weniger Wind und mehr Sonne könnten nicht schaden, aber ich bin ja nicht auf Wellnessurlaub, sondern mitten in meinem Experiment, da ist Wehleidigkeit nicht gefragt.

Ich ziehe meine warme Wolljacke, darüber die windundurchlässige Sportjacke mit Kapuze an, schnappe mir zwei Decken, setze mich auf einen Liegestuhl vor den Leuchtturm und schreibe weiter am Buch, da die »Deadline« naht. Der Schreibfluss ist nicht optimal. Vielleicht liegt es daran, dass mir mein morgendlicher Spaziergang fehlt. Der ist an diesem Ort nicht möglich, ich könnte höchstens 30-mal den Turm umrunden. Die restliche Fläche bis hin zum Meer ist aufgrund der zerklüfteten Felsen nicht begehbar. Es ist, als würde das Festsitzen an diesem Ort dazu führen, dass sich mein Gehirn auf den Pausenmodus eingestellt hat, wenig neue Ideen. Nachdem ich mich aber auf diesen Aufenthalt vorbereitet und mir einige Schreibkapitel vorgenommen habe, vor denen ich mich schon länger gedrückt habe, geht trotzdem etwas weiter. Da es hier keine Internetverbindung gibt, bleibe ich bei der Sache und werde nicht durch unkontrolliertes Surfen abgelenkt. Ich befinde mich auf einem Felsen, in einem Leuchtturm, erbaut im Jahre 1833 zu Zeiten der österreichischen Monarchie, und schreibe. Ich muss es mir förmlich laut vorsagen, sonst glaube ich es ja selbst nicht. Der Wind weht um meine Ohren, die Sonne kämpft sich langsam durch die Wolken, und ich fühle mich fast ein wenig wie in einem Paralleluniversum. Am Abend bereiten wir den frischen Fisch zu, nur mit Zitrone, Salz und Olivenöl. So ist er am besten, sagt Ivo. Dazu gibt es Weißbrot und Malvazija, einen herrlich spritzigen istrianischen Weißwein. Der Sonnenuntergang ist tiefrot, das Meer spiegelt die schönsten Farben, und der Sternenhimmel ist unglaublich. Es ist wie im Traum, ich kann es nicht oft genug wiederholen, es bestehen absolut keine Fluchttendenzen.

Heute Nacht wird es wärmer, da uns Ivo einen Heizstrahler gegeben hat, der unsere Wohnung im Erdgeschoß des Turmes tagsüber aufgewärmt hat. Der zweite Tag an diesem ungewöhnlichen Ort geht dem Ende zu, und ich schlafe herrlich, träume viel, Reinhard nicht.

Heute begrüßt uns der Tag mit tiefblauem Himmel und herrlich wärmenden Sonnenstrahlen. Wir frühstücken vor dem Leuchtturm, und Ivo putzt gerade Fische, die sein Sohn, ein Berufsfischer, gefangen hat. Der Leuchtturmwärter lädt uns für den Abend auf Fisch ein, den er zubereitet. Wir verbringen einen wunderschönen Tag, ich schreibe, liege zwischendurch in der Sonne, trinke das eine oder andere Gläschen Wein, lese ein wenig in der Biografie von Wilhelm Busch, der im Jahr 1832 geboren wurde, ein Jahr vor dem Bau des Leuchtturms. Reinhard klettert mit seinem Fotoapparat über die Insel und lichtet sie aus sämtlichen Perspektiven ab. Da die Sonne so stark ist, dass ich am Laptop nichts sehe, gehe ich immer wieder in die Wohnung, um dort zu schreiben. Ivo lädt uns am Nachmittag nochmals zu einer Leuchtturmführung ein, wo er uns alles ganz genau erklärt. Er erzählt von seiner Arbeit, die in ständiger Kooperation mit den Schiffen steht, die den Leuchtturm passieren. Über Funk hören wir die Seeleute und rund um uns die Geräusche aus dem Leuchtturm, sogar der Kühlschrank spricht und reagiert auf die unzähligen Geräte. Dann geht es wieder nach oben, auf 31 Meter Höhe. Ivo erklärt uns die einzelnen Geräte, die er täglich bedient, kontrolliert und in Schuss hält. Mittlerweile haben wir eine Kommunikationsform gefunden, die aus einer Mischung aus Deutsch, Italienisch, Kroatisch, Mimik, Gestik und Körpersprache besteht. So kommuniziert es sich gut, weil wir es alle wollen, ohne Probleme. Es gibt hier eine eigene Radarstation, eine Antenne für Mobilfunk, einen Blitzableiter, Kameras, Nebelhörner, Fogdetektor, Sirene, Reserveblinklicht, zwei Satelliten für Signale, drei TV-Satelliten und eine Wetterstation, bestehend aus einer meteorologischen Antenne. Das große weiße Signallicht blinkt während einer Drehung dreimal im Abstand von 15 Sekunden. Bei normaler Sicht hat es eine Reichweite von 40 Kilometern, bei schlechter Sicht erreicht es eine maximale Weite von 20 Kilometern. Wir steigen die Treppen runter, und Ivo führt uns zur Zisterne, die 30 Kubikmeter Wasser fasst. Er zeigt uns noch zwei Trafos, die durch ein Kabel, das im Meer gelegt wurde, mit dem Festland verbunden sind. Abschließend erklärt uns der Leuchtturmwärter die verschiedenen Winde, die in Kroatien wehen und stürmen. Der Schirokko bläst aus dem Südwesten, die Bora aus Nordosten, der Mistral aus Nordwest und die Tramontana, ein sehr kalter Wind, aus dem Norden. Na, habe ich Ihnen zu viel versprochen? Ich habe mich redlich bemüht.

Ivo serviert uns um 19 Uhr das Abendessen auf der Terrasse vor dem Leuchtturm. Wir genießen den herrlichen Fisch mit Salzkartoffeln an windgeschützter Stelle an einem Abend mit Sonnenuntergang, wie er schöner nicht sein kann. Unser Gastgeber erzählt aus seinem Leben als Leuchtturmwärter, das er seit mehr als 22 Jahren führt, schenkt uns herrlichen Weißwein nach, und wir genießen diese ganz besondere Stimmung auf einem Felsen mit Leuchtturm im Zentrum, umgeben vom tiefblauen Meer.

Der neue Tag beginnt mit herrlichem Sonnenschein, und wir fühlen uns mittlerweile schon wie richtige Leuchtturm-Insulaner. Ich schreibe, lese, faulenze und koche. Zwischendurch spiele ich mit Medo, dem Inselhund, der mir auf Schritt und Tritt folgt. Zwischen seinen Fellzotteln hängen Fischschuppen und kleine Muscheln. Der andere Hund ist den ganzen Tag an einer langen Leine angehängt, was mir sehr leidtut. Er hat die Aufgabe, die Insel zu verteidigen, wenn sein Herrchen weg ist, da viele Segler unbefugt den Leuchtturm betreten wollen. In der Nacht und wenn die Insel touristenfrei ist, darf er frei herumlaufen. Ich füttere ihn immer heimlich und rede ein wenig mit ihm, zu nahe traue ich mich aber nicht an ihn heran.

Wir genießen den letzten Abend an dieser einzigartigen Destination und beschließen, den Sternenhimmel vom Leuchtturm aus zu betrachten, und steigen die Stufen hoch. Auf ungefähr 20 Metern Höhe steigen wir auf die kleine Plattform, lehnen uns an den steinernen Turm und betrachten den Sternenhimmel, der unbeschreiblich schön ist, Reinhard und ich. Die weißen Strahlen der Signallampe umspinnen den alten Turm wie Feenmäntel, und wir versinken in seliges Schweigen, beeindruckt von diesem unglaublich schönen Szenario. Ich wünschte, der Herr Professor, von dem ich Ihnen später noch berichten werde, möge die Zeit anhalten.

Wir verbringen die letzte Nacht auf dem Inselchen und werden am Morgen um acht Uhr von Gianni, dem Fischer, abgeholt, der uns wieder ans Festland zurückbringt. Schon während wir uns mit dem Fischkutter vom Leuchtturm entfernen, erscheinen die vergangenen Tage wie ein Traum, und ich bin glücklich, dass ich diesen so real erleben durfte. Experiment geglückt, Probanden leben, und wie! Je weiter ich in meinem Selbstversuch fortschreite, umso überzeugter bin ich von der positiven Auswirkung scheinbar unmöglicher Perspektivenwechsel auf mein Leben. All die Tage fühlte ich mich mehr als lebendig und neugierig wie ein kleines Kind, das Dinge kennenlernen durfte, die außerhalb seines Erfahrungsbereiches liegen. Plötzlich passiert genau das, was Kierty Verbooy gesagt hat: »Du siehst wirklich, wenn du bewusst schaust, den Kopf drehst und mit den Augen fokussierst. Dann bist du lebendig, im Hier und Jetzt, ohne lästige Nebengedanken.«

Mir wird klar, wie unwichtig Raum und Zeit werden, wenn ich neue Dinge ausprobiere, sie werden zeitlos. Deshalb stelle ich Ihnen jetzt eine interessante Persönlichkeit vor, einen emeritierten Universitätsprofessor, der mit seinem Verein versucht, die Zeit zu verzögern. Oder auch nicht? Machen Sie sich selbst ein Bild davon.

Der Professor, der die Zeit verzögert

»Ich bin eigentlich schon sehr früh auf das Thema gekommen und zwar als Schüler. In der Schule gab es so Ereignisse, dass ein Lehrer in die Klasse gekommen ist, uns das Aufsatzheft vor die Nase geknallt hat, und dann hat es geheißen: ‚So, jetzt wird Aufsatz geschrieben.' Das war nicht wie heute, wo man das Thema vorher schon weiß. Damals gab es so eine nette Sache, die man Besinnungsaufsatz genannt hat. Da hat man ein Thema vorgegeben bekommen, wie z.B.: ‚Der Tropfen fällt vom Blatt', und dann sitzt du als Schüler dort und da musst du dich besinnen. Und das habe ich auch getan. Ich habe mich besonnen, besonnen und besonnen. Ich habe mich zu lange besonnen, was dazu geführt hat, dass meine Aufsätze alle ‚geniale Unvollendete' waren. Und hätte ich nicht damals einen sehr guten Deutschlehrer gehabt, der aus meinen ‚Unvollendeten' zukünftige Vollendungen sich hineinfantasiert hätte, wäre ich wahrscheinlich schon im Deutschaufsatz-Schreiben gescheitert. Ich habe mich damals immer wieder darüber gewundert, wie schnell sich andere besinnen können.« So fasst Peter Heintel zusammen, was mich auch bewegt.

Bereits vor 30 Jahren hörte ich erstmals vom »Verein zur Verzögerung der Zeit«. Gegründet wurde er von Professor Peter Heintel, der an der Alpe-Adria-Universität Klagenfurt tätig war.

Das erste Bild, das ich in meinem Kopf hatte, als ich davon hörte, war ein Professor mit Brille und grau meliertem Haar, der vor einer Riesenuhr steht und verzweifelt versucht, die Zeiger anzuhalten. Da ich von Natur aus sehr neugierig bin, interessierte es mich schon damals, wer die Person hinter dieser Idee ist, und so nahm ich bald Kontakt auf, um mit dem Herrn Professor persönlich zu sprechen.

Ich spielte damals Theater und wir arbeiteten gerade an einem Stück mit dem Titel »Nanus kurze Geschichten über die Zeit«. Das war ja ein triftiger Grund, um ein Gespräch mit einem führenden Philosophen zu führen. Ich traf Professor Heintel, wir unterhielten uns angeregt, und er gab mir wichtige Impulse für unsere Produktion. Damals begann eine lose Kooperation, die in weiteren Projekten ihre Fortsetzung fand. Da mich die Meinung des Professors, der sich intensiv mit der Zeit, dem Umgang der Gesellschaft mit Zeitressourcen, Stress und dem Innehalten beschäftigte, sehr interessierte, gab es im Laufe der Jahre immer wieder Gelegenheit, uns zu treffen und miteinander zu sprechen. Professor Heintel ist für mich ein wichtiger Impulsgeber, der meine Ideen einerseits kritisch hinterfragt und mich gleichzeitig inspiriert. So ist er mittlerweile zu meinem »Lieblings-Haus-und-Hof-Philosophen« geworden (mit ausdrücklicher Genehmigung vom Herrn Professor). Auch im Rahmen dieses Buches lasse ich es nicht unversucht, ihn zu kontaktieren und ihn um das Schreiben des Vorwortes zu diesem Buch zu bitten. Gleichzeitig frage ich ihn, ob ich über ihn und den »Verein zur Verzögerung der Zeit« erzählen darf. Professor Heintel erklärt sich dazu bereit, meint aber, dass es nicht üblich sei, dass ein Vorwortschreiber nochmals im Buch vorkommt. Da in diesem Buch unvernünftig oder vernünftig (das weiß ich nicht so genau) agiert wird, ist alles möglich, und so schmeißen wir ungeschriebene Regeln über Bord. In einem ausführlichen Gespräch erzählt der von mir sehr geschätzte Philosoph, was ihn dazu bewogen hat, den »Verein zur Verzögerung der Zeit« zu gründen:

Prof. Heintel: Es gab mehrere Impulse. Wir merkten, dass eine Zeitverdichtung stattfindet, das Bestreben, immer mehr Aktivität in immer kürzere Zeiträume reinzuzwängen, und das beschleunigt Prozesse. Und da ich ja vorwiegend beratend tätig bin, realisierte ich, dass das auch meine Berufstätigkeit störte, denn jede Beratung braucht die ihr eigene Zeit. Eines meiner Hauptmotive war, klarzumachen, dass viele Prozesse im Leben eines Menschen ihre eigene Zeit benötigen, die man nicht einfach verdichten kann. Ich habe mich ja immer mit Muße beschäftigt, mit dem Staunen, der Zeitunterbrechung, also der Alltagszeitunterbrechung. Ich hatte damals ein weiteres Erlebnis, das dazu führte, diesen Verein zu gründen. In Wien am Naschmarkt gab es so ein nettes Café, das die ganze Nacht offen hatte, und wo ich auch zu gewissen Zeiten zu finden war. Da gab es über der Theke ein Schild mit der Aufschrift: *»Ich lasse mich nicht hetzen, ich bin ja nicht auf der Flucht.«* Dementsprechend hat sich der Barkeeper auch benommen, was nicht alle Gäste unbedingt gefreut hat, auch mich zunächst nicht. Also habe ich nachgedacht. Nachdenken ist ja ein Denken nachher, wo man auch die nötige Zeit dazu braucht. Ich bin draufgekommen, dass dieser Spruch viel Weisheit in sich birgt. Wenn man darüber nachdenkt, könnte man vermuten, dass diese Hektik, die wir alle kennen, dieser Aktionismus vielleicht etwas mit Fluchtbewegungen zu tun hat. Interessant ist es, darüber nachzudenken, wovor wir eigentlich flüchten, sodass wir uns im Alltag völlig aufbrauchen lassen.

Ich: Wovor flüchten wir?

Prof. Heintel: Da gibt es viele Themen, die naheliegend sind, wovor wir unter Umständen flüchten. Ein Thema, das in unserer Fortschrittsgesellschaft eigentlich eines der wichtigsten ist, ist der Fortschritt. Dies allein ist eine »Ideologie des schnellen Wegs«, schnell weg von wo kommen, sich nicht besinnen, nicht nachdenken, nur schnell weg, weil dann schreitet man fort, weg von allem, was schon war.

Die Fortschrittsideologie ist schon eine Beschleunigungsideologie, aber das hängt auch vielleicht mit einer unsicheren geöffneten Zukunft zusammen, die es zum Beispiel im Mittelalter nicht gegeben hat. Da war die Zukunft höchstens auf zwei bis drei Generationen Thema. Darüber hinaus ist die Zukunft eine Sache Gottes, und die eigentliche Zeit fängt nach dem Tod an, das ist die Ewigkeit, und dort ist die eigentliche Zeit aufgehoben. Ein Theologe hat mir einmal gesagt: »Was ist die Zeit? Die Zeit ist ein Anlauf in die Ewigkeit.« Diese Öffnung der Zukunft ins Unbestimmte hin macht sicher auch Angst.

Ich: Glauben Sie nicht, dass sich viele Menschen, die Angst vor dem Älterwerden haben, gefreut haben, als Sie den Verein zur Verzögerung der Zeit gegründet haben? In Zeiten, wo uns die ewige Schönheit vorgegaukelt wird, wäre das ja die Lösung gewesen. Da gibt es einen Wissenschafter, der die Zeit verzögert, und so bleiben wir ewig jung?

Prof. Heintel: Alter und Zeit sind natürlich Themen, die die eigentliche Fluchtinstanz zur Sprache bringt, und das ist letztlich die Angst vor dem Tod. Den Umgang damit zeigen heute zwei bis drei Formen des Verhältnisses der Menschen zur Zeit. Eine mögliche Ausprägung ist die auffallende Aktivität mancher Pensionisten. Das ist im Grunde eine Todesflucht. Kennen Sie den Pensionistenspruch »Ich habe keine Zeit«? Dann gibt es ältere Menschen, die sich eigentlich den Tod schon im Leben geben und sich in den Wartesaal des Todes setzen. Die dritte Gruppe sind die, die versuchen, ihr Leben abzurunden, das heißt, zu überlegen, was noch sinnvoll ist zu machen und was nicht. Diese Menschen kommen dann in eine gewisse Gelassenheit diesem ganzen Schicksalshaften gegenüber, und das ist meines Erachtens die empfehlenswerteste Form des Umgangs mit Zeit im Alter. Es ist auch wichtig, dass man die Zeit im Alter, die ja die größte Freiheit in sich birgt, wenn man halbwegs gesund ist und die Existenz abgesichert ist, bewusst lebt. Dann kann man das Alter gut genießen und muss nicht immer vor irgendetwas davonlaufen. Diese Jugendfantasien im Alter sind ja auch eine Form der Abwehr, und da gibt es die komischsten Erscheinungen. Unsere Fixierung auf die Gesundheits- und Wellnessgeschichten ist eine seltsame Sache in diesem Zusammenhang. Ich meine, wenn man nur unter gesundheitlichen Aspekten lebt, ist das blöd. Dann stirbt man als Gesunder, was auch nicht unbedingt besser ist.

Ich: Wie waren die Reaktionen auf die Gründung des »Vereins zur Verzögerung der Zeit«?

Prof. Heintel: Die Reaktionen waren ähnlich, wie Sie es beschrieben haben. Skurrilität und mitleidiges Lächeln, die Meinung, dass wieder ein paar Wahnsinnige eine besonders gute Idee haben. Die Leute sagten, dass man die Zeit nicht anhalten kann, was ja auch richtig ist. Die Uhrzeit geht ihren Gang nach physikalischen Gesetzen, nach dem astronomischen oder dem Cäsium-Atom, aber die Frage lautet: »Was hat denn diese Uhrzeit mit uns zu tun?« Die Zeit zu verzögern und anzuhalten, heißt eigentlich nichts anderes, als innerhalb dieser Uhrzeit, die uns dominiert, andere Zeitqualitäten einzubringen, zur Sprache zu bringen und auch zu leben. Jeder weiß heute, dass es den Biorhythmus gibt. Das ist eine Akzeptanz von anderen Zeitformen. Oder das Psychische, das ist etwas ganz anderes. Manche Zeit vergeht uns zu schnell, manche ganz langsam, und es ist immer die gleiche Zeit. Daran sieht man, dass die Uhr eigentlich im Rahmen dessen, was Zeit ist, ein kleines Instrument nach unserer Ordnung und Organisation der Welt gebaut ist, aber mit vielen Zeitformen nichts zu tun hat.

Emotionen kommen und gehen, wann sie wollen, und nicht, wann ich will, und sie fordern ihre Zeit.

Ich kann zwar versuchen, sie zu verdrängen, und sagen »jetzt nicht«, aber das ist nicht immer ein gesunder Prozess. Soziale Zeiten, Zeiten des Festes und, und, und, es gibt so viele Eigenzeiten, die mit der Uhr nur indirekt was zu tun haben, und sich nicht von ihr bestimmen lassen. Und deshalb geht es nicht darum, den Zeiger anzuhalten, das geht ohnehin nicht, sondern innerhalb dieser Zeitordnungen, die wir uns selbst geschaffen haben, innezuhalten und bewusst zu leben.

Andere Kulturen haben diese Zeitordnungen nicht in dieser Form und fühlen sich auch ganz wohl dabei. In Afrika heißt es, die Europäer sind komisch, die bestimmen ihr Leben nach einer Maschine. Die Uhr ist für sie eine Maschine. Sie sagen, die Europäer gehen um halb ein Uhr essen, egal ob sie Hunger haben oder nicht, und nachher wissen sie nicht einmal, was sie gegessen haben, da es nur ein Arbeitsessen war. Solche Sachen muss man sich dann sagen lassen und da beginnt man natürlich, darüber nachzudenken. Als die Uhren aufgekommen sind, war der Adel nicht sehr uhrenmäßig orientiert und hat dazu gesagt: »Ich lasse mir mein Leben nicht durch ein ‚Zackzackzack' diktieren.« Also insofern geht es um nichts anderes, als dass man neue Balancen sucht, innerhalb dieses Aktionismus und der Hektik ein Innehalten zu ermöglichen, ein Hinhören auf die Eigenzeiten, von denen ich erzählt habe.

Ich: Was ist das Statement Ihres Vereines in 30 Sekunden zusammengefasst?

Prof. Heintel: Wie soll man in 30 Sekunden ein Statement zu einem wichtigen Thema abgeben? Normalerweise sage ich dazu: »Das tu ich nicht. Das geht nicht.«

In den Vereinsstatuten steht, dass überall dort, wo Aktionismus nur Unsinniges hervorruft, ein Mitglied des Vereins es verzögern, innehalten oder aufhalten sollte, durch Bewusstmachen.

Ich: Den Verein gibt es seit mehr als 30 Jahren. Welche Projekte haben Sie gemacht. Was haben Sie erreicht?

Prof. Heintel: Der Verein hat eine große Streubreite. Von der wissenschaftlichen Seite geht es hin zu aktionistischen, interaktiven Geschichten. Was dem Verein sicher gelungen ist, ist so etwas wie Bewusstseinsbildung. Das ist zwar noch nicht alles, weil wir praktisch einiges umgesetzt haben, aber die Medien interessiert das ungeheuer. Unternehmen wenden sich an uns, um Organisationsdiagnosen zu bekommen, mit der Bitte: »Schaut euch bitte unseren Bereich an, wie gehen wir mit der Zeit um, welche Möglichkeiten gibt es, was kann man tun?« Wir raten dann zum Beispiel dazu, Zeittagebücher zu führen. Man kann viel mehr tun, als man glaubt, und viele Menschen haben Ohnmachtsgefühle, weil sie sich überfordert fühlen. Wenn man sich dann genauer anschaut, was man in einer Woche in der Zeit tut, da ergeben sich dann schöne Reserven, wenn man das sinnvoll plant. Das soll man nicht unterschätzen. Klar, in der Großwetterlage können wir als Verein nichts tun. Die Beschleunigung, den Aktionismus im Sinne der globalen Weltflexibilisierung, den werden wir nicht aufhalten können, aber man kann innerhalb dessen immer noch ganz gut schauen, wo und wie man seine Zeit verbringt. Wir haben mehr Urlaube denn je und sehr viel Freizeit

Ich: Haben Sie das Gefühl, dass die Leute die Zeit so nutzen, dass es ihnen guttut, oder agieren sie wieder nach einem Leistungsprinzip?

Prof. Heintel: Ich habe bereits vor 60 Jahren in einem Aufsatz geschrieben, dass sich der Arbeitsrhythmus auf die sogenannte Freizeit überträgt, und da ist es klar, dass man dann nicht plötzlich abschalten kann. Deshalb sind ja die Kurzurlaube ein völliger Unsinn. Kaum ist man angekommen, schon fährt man wieder weg. Da bekommen viele Menschen ihre Urlaubsdepressionen, ein Krankheitsbild, das entsteht, wenn wir mit Stress im Kopf schnell aus der Arbeit innerhalb kürzester Zeit im Nichts eines Urlaubs ankommen. Wir sitzen im Flugzeug und sehen bereits von dort aus die Hotels, die alle gleich ausschauen, Strandkorb reiht sich an Strandkorb, Sonnenschirm an Sonnenschirm, und dann soll man sich auf Knopfdruck wohlfühlen? Dann werden sofort irgendwelche Animationsprogramme gemacht, wo die Erwachsenen regredieren, ohne es zu merken. Sie benehmen sich dann so, dass man sich nur darüber wundern kann, was die da aufführen. Aber die Menschen sind lieber aktiv, damit sie ja nicht in die Stille des Nachdenkens versetzt werden. Da könnte einem ja was einfallen, was nicht unbedingt angenehm ist.

Ich: Gibt es etwas Unvernünftiges, das Sie in Ihrem Leben gemacht haben?

Prof. Heintel: Ich habe mit 17 Jahren von meinem Großvater einen Betrieb übernommen, ein Familienunternehmen, einen gut laufenden Betrieb, der heute noch existiert. Für mich wäre das natürlich eine ökonomisch gute Zukunft gewesen. Ich habe aber nebenbei schon Philosophie studiert. Ich beschloss dann, aus meinem so gut bestallten Beruf in die Philosophie zu wechseln. Das war sicher nicht gerade unmittelbar etwas, was man als vernünftig bezeichnen kann, weil Philosophie als brotlose Kunst gilt. Na ja, und als die Universität Klagenfurt nicht unbedingt in die Richtung gegangen ist, die ich für richtig gehalten habe, gründete ich das Institut für Interdisziplinäre Forschung und Entwicklung, das jetzt eine Fakultät ist, die sich nicht dem Wissenschaftsbetrieb unterworfen hat. Mir sind das Herausgehen aus dem universitären Bereich und die Zusammenarbeit mit alltäglicher Kompetenz wichtig. Es gibt ja viel mehr an implizitem Wissen, als man glaubt, in der Welt. Und das zu heben, ist viel gescheiter, als dass man von außen forscht und Dinge veröffentlicht, die keiner liest. Ich habe gerade einen alten Kollegen getroffen, und da haben wir uns über unser Schicksal an der Universität unterhalten, und ich habe gesagt: »Ich war ja immer ein Grenzgänger«, und er hat geantwortet: »Nein, du warst ein Grenzüberschreiter.« Das kann man, wenn man es von außen betrachtet, als durchaus nicht sehr vernünftig bezeichnen. Ich wollte nie dem Trend, dem Mainstream oder der Gewohnheit entsprechen. Mainstream hat mich immer aufgeregt. Man könnte psychoanalytisch sagen, ich habe meine Pubertät und meinen Widerstand nie abgelegt, bis heute nicht.

Ich: Worüber lachen Sie gerne?

Prof. Heintel: Ha, lachen. Da ich ja den Humor ohnehin als eine der bestentwickelten Möglichkeiten der Menschen sehe, mit all dem Unwägbaren umzugehen, was man als Überraschendes, Schicksalhaftes bekommt, finde ich das humorvolle menschliche Umgehen mit all diesen Unwägbarkeiten als das Beste, was man tun kann. Bedeutendes muss man durch das Pathos nicht noch bedeutender machen.

Da liegt mir der Nestroy sehr, der mit einem Wortspiel alles klargemacht hat. Er hat das in einem Satz zustande gebracht. Er hat gesagt: »Dem Junggesellen fehlt zum Glück die Frau.« Das muss man sich erst einmal einfallen lassen.

Ich: Danke für das Gespräch.

Zurück in die Vergangenheit

Während des spannenden Gesprächs mit Professor Heintel habe ich mich an etwas erinnert, das ich schon seit 30 Jahren tun will und mich nie getraut habe, aus Angst davor, die schönen Kindheitsbilder in meiner Erinnerung zu zerstören.

Ich verbrachte die Wochenenden in meiner Kindheit meistens bei meinen Großeltern, die in einem kleinen Holzhäuschen in der Nähe von Villach gewohnt haben. Mein Großvater war in einem Holzbetrieb beschäftigt, dessen Grundstück direkt an das Haus, in dem sie wohnten, angrenzte. Das Haus wurde ihnen von seinem Betrieb zur Verfügung gestellt. Für meinen Bruder und mich waren diese Wochenenden etwas ganz Besonderes, da wir in einem Hochhaus aufwuchsen und in dem kleinen Häuschen mit Garten, einem Holzschuppen und einem großen Kastanienbaum unsere Freiheit ausleben konnten. Die Erinnerung an diese Zeit ist immer noch sehr lebendig und präsent, und ich verbinde damit eine ungeheure Freiheit. Immer, wenn ich an diesem Haus, das nun schon 30 Jahre leer steht, vorbeifahre, sage ich zu meinem Mann, dass ich so gerne noch einmal in dieses Haus gehen würde, um zu sehen, was ich dabei empfinde, und ob die Realität mit den Bildern, die ich in meinem Kopf habe, übereinstimmt. Da ich Ihnen versprochen habe, meinen Impulsen nachzugehen, und natürlich auch aus eigenem Interesse, nehme ich dies nun in Angriff, vor Ihren Augen. Ich überwinde mich und mache den ersten Schritt, greife zum Telefon, rufe bei dem Holzbetrieb an und erkläre dem Firmeninhaber mein Anliegen. Zu meinem Erstaunen weiß er noch den Namen meines Großvaters und kann sich an meine Familie noch gut erinnern. Ohne zu zögern, gibt er mir die Erlaubnis, das Haus meiner Vergangenheit in Augenschein zu nehmen. Ich bin verblüfft, wie schnell sich mein Vorhaben umsetzen lässt. Wir vereinbaren einen Termin, und ich fahre mit meinem lieben Reinhard nach Fürnitz, um den Schlüssel in Empfang zu nehmen.

Ich muss gestehen, dass ich sehr aufgeregt bin, da dies doch eine hoch emotionale Angelegenheit ist. Vorher kaufe ich mir extra dafür eine Gopro, eine Kamera, die ich mir auf den Kopf setze, um dieses Erlebnis aus meiner Sicht zu dokumentieren. Der beste Ehemann filmt mich zusätzlich, während ich das alte Haus erkunde. Auf diese Weise kann ich meine Entdeckungsreise aus meiner Sicht dokumentieren und erfahre außerdem, durch den Blick von Reinhards Kamera, wie ich reagiere. So ist es zumindest geplant.

Es ist so weit. Der Firmeninhaber begleitet uns zum dunklen Holzhaus mit den verblichenen grünen Fensterflügeln, das schon leicht verfallen inmitten einer verwucherten Wiese steht. Die ersten Erinnerungen kommen hoch, und gleichzeitig empfinde ich das Haus als winzig klein. Ist es immer schon so klein gewesen? Es erscheint mir beinahe wie ein Zwergenhäuschen aus einem Märchen. Das Holz ist verwittert und angefault, und wir kämpfen uns durch das Unkraut, um zur Eingangstür zu gelangen. Der Firmenchef übergibt uns einen Schlüsselbund mit mehreren Schlüsseln, und wir versuchen, die Tür zu öffnen, was leider nicht funktioniert. Es gibt jedoch noch eine zweite Tür, die über eine kleine Steinstiege zu einer Miniterrasse ohne Geländer führt. Auch diese Tür klemmt, und so ruft der Firmenchef einen Mitarbeiter an, der die grüne Holztür aufbricht. Sie ist so morsch, dass sie beinahe auseinanderfällt. Die Tür ist offen. Ich zögere und habe ein mulmiges Gefühl, bevor ich in meine Vergangenheit eintauche. Nun stehe ich mitten im Wohnzimmer, wo mein Großvater auf dem Diwan in der Ecke sitzt und seine Zigaretten, Marke Smart, raucht und Schwarzweiß-Fernsehen schaut. Ich sitze daneben, kuschle mich an ihn, und Opa lacht. Er liebt es, am Samstag die Kabarettsendung von Karl Farkas und Ernst Waldbrunn, zwei legendären österreichischen politischen Kabarettisten, zu verfolgen. Ich sitze daneben, verstehe nichts, lache aber mit, weil mein Opa lacht. Ich mag es, wenn er lacht. Vom Wohnzimmer geht es ins Minibad mit Kupferkessel. Das Bad hat kein Waschbecken, so klein ist es. Während ich den Raum betrete, bin ich erschrocken darüber, wie präsent und bildhaft meine Erinnerung an die Vergangenheit ist. Meine Großmutter badet uns in der Badewanne, der Kesselofen knistert, und wir lachen und fühlen uns so geliebt. Es gibt noch zwei weitere Türen, wovon eine vom Wohnzimmer aus in den Vorraum führt, und die andere Minitür, die nur halb so breit ist, wir nannten sie die Geheimtür, eine Verbindung zum Schlafzimmer ist. Als ich den Vorraum betrete, sehe ich das kleine Fenster neben der Eingangstür, wo im Dezember beim Nikolausfest die roten Päckchen für uns hereinflogen.

Ich fühle mich im Moment in eine andere Zeitepoche versetzt, als würde ich hineingezogen. Dann betrete ich die Küche, wo der Tisch vor dem Fenster gestanden ist und rechts der Sparherd. Oma steht beim Herd mit einer Schürze, schiebt den Schweinsbraten ins Rohr und rührt selbst gemachtes Joghurt für die Nachspeise mit Riesenerdbeeren aus dem Garten an. Wir Kinder sitzen vor dem geöffneten Fenster und zählen die VW-Käfer, die zahlreich an der angrenzenden Straße vorbeifahren, nur die VW-Käfer, die anderen Autos interessieren uns nicht. Von der Küche aus geht es ins Schlafzimmer. Rechts das Ehebett der Großeltern, links der große Kleiderschrank und gegenüber die Fenster mit Blick zum Garten. Wir liegen mit Opa im Bett, und er erzählt uns Geschichten, die uns zum Lachen bringen, Oma gibt uns ein »Gutenachtzuckerl«. Ich gehe wieder zurück in den Vorraum zu der Holztreppe, die in den ersten Stock führt. Alles sieht aus wie in meiner Erinnerung, und ich sehe die Matchbox-Autos vom ersten Stock über die Holzleiste nach unten sausen. »Angekommen«, rufe ich zu meinem Bruder nach oben, der sodann das nächste Auto nachschickt.

Ich steige die knarrenden Treppen hoch und kann kaum atmen, so sehr holt mich die Vergangenheit ein. Links ist ein Holzverschlag, in dem wir immer Geister vermuteten und schnell daran vorbeisausten. Ich stehe vor der Tür des Gästezimmers, wo meine Eltern schliefen, wenn wir zu Besuch waren. Dann gehe ich nach rechts, wo sich ein Zimmer befand, das um die Ecke gebaut war. Daran habe ich besonders viele Erinnerungen. Es gab einen Diwan, auf dem wir herumhüpften, und einen Vorhang, hinter dem Oma ihre Kleider verstaut hatte. Jäh werde ich aus meiner Versunkenheit gerissen. Das Zimmer gibt es nicht mehr. Die Wände wurden abgetragen und der Dachraum vergrößert. Und schon bin ich wieder in der Gegenwart.

Etwas enttäuscht gehe ich wieder in das Erdgeschoß. Zum Schluss möchte ich noch einen Blick in den Keller werfen, der nur von außen zugänglich ist und durch eine schräge Holztür zu öffnen ist. Ich werfe noch einen letzten Blick in das Wohnzimmer und schließe die Tür. Über die Steintreppe gehe ich in den Garten, der nur noch zu erahnen ist. Die Holztür zum Keller existiert nicht mehr, und so steige ich die Steintreppen hinunter und öffne die schwere Eisentür. Muffiger Kellergeruch steigt mir in die Nase, aber auch diesen Geruch kenne ich. Noch ein letztes Mal gebe ich mich der Erinnerung hin, betrete die Waschküche mit dem großen Kessel, in dem uns Oma manchmal gebadet hat, was uns unglaublichen Spaß bereitet hat. Ich gehe weiter zu einem Bunkerraum, der im Krieg dazu diente, sich vor den Bomben sicher zu verstecken. Dann betrete ich den großen Kellerraum, wo Oma die Marmeladen und eingemachten Köstlichkeiten lagerte. Hier feierten wir unsere ersten harmlosen Discopartys mit Leuchtgirlanden und Musik aus dem Kassettenrekorder. Zu meinem zehnten Geburtstag habe ich eine Rose von einem Nachbarsjungen bekommen. Diese Erinnerungen sind so lebendig, was mich sehr überrascht und auch emotional fordert.

Ich werfe noch einen letzten Blick in die Kellerräume, bevor ich die schwere Eisentür zu meiner Vergangenheit schließe. Ich bin nachdenklich und gleichzeitig glücklich, dass ich mir diesen lange gehegten Traum erfüllt habe. Danke, dass Sie mich begleitet haben.

Almus interruptus

Nach meiner Reise in die Vergangenheit benötige ich eine kleine Erholung auf der Alm. Ich bin bereits im Endspurt mit diesem Buch, und die Zeit bis zum Abgabetermin wird knapp.

Kurz entschlossen rufe ich einen Freund an, der mir spontan seine Almhütte als Schreibdomizil für ein paar Tage anbietet. Er sagt, dass es keinen Strom auf der Hütte gibt, aber Solarpaneele. Mit einem Stromumwandler funktioniert das Laden des Laptops. Gesagt, getan. Ich rufe meine Mutter an und frage sie, ob sie Lust hat, mitzukommen. Ja, sie will. Ich packe alle Siebensachen zusammen, Schreibutensilien, Laptop, Kabel, Stromumwandler für Laptop, Stifte, Notizbuch, Handy, Ladekabel, Fotoapparat, Nahrungsmittel zum Kochen, Wein, Bier, Schnaps (das braucht man auf der Alm), Bettwäsche, Gewand und Toilettezeug, Futter, Fress- und Wassernapf für den Hund, Hundeleine und Hund. Meine Mutter darf ich auch nicht vergessen.

Wir fahren voll bepackt zum Haus meines Freundes, der uns mit seinem Auto über Stock und Stein auf die Alm navigiert. Mutig rase ich hinterher und versuche, mir die Abzweigungen zu merken. Nach einer halben Stunde haben wir die wunderschöne Alm erreicht. Nachdem wir den Stromumwandler angeschlossen haben, und uns Hermann das Nötigste erklärt hat, trinken wir einen Schnaps, und er verabschiedet sich Richtung Tal. Die Aussicht ist herrlich. Ich gehe zum Auto und trage mein gesamtes Gepäck, bestehend aus Schreibutensilien, Laptop, Kabel, Stromumwandler für

Laptop, Stifte, Notizbuch, Handy, Ladekabel, Fotoapparat, Nahrungsmittel zum Kochen, Wein, Bier, Schnaps (das braucht man auf der Alm), Bettwäsche, Gewand und Toilettezeug, Futter, Fress- und Wassernapf für den Hund, Hundeleine und Hund, zuzüglich des Gepäcks meiner Mutter, in die Hütte. Sie kehrt währenddessen die Wohnstube aus und räumt die Nahrungsmittel ein. Ich beginne, zu schreiben, meine Mutter macht die Betten im oberen Stock. Aus einer unbestimmten Ahnung heraus, gehe ich zum Stromumwandler, stecke meinen Computer an und überprüfe, ob die Ladefunktion in Ordnung ist. Er lädt nicht. Ich probiere es mehrmals, jedoch ohne Erfolg. Nein, das darf doch nicht wahr sein! Was mache ich jetzt? Während die Problemlösungsmaschinerie in meinem Kopf auf Hochtouren arbeitet, höre ich meine Mutter im oberen Stock niesen. Gezählte 27 Mal. Jetzt steht sie vor mir mit verschwollenen Augen und roter Nase. Meine Mutter Lydia ist Hausstaubmilben-Allergikerin, und davon gibt es hier mehr als genug. Pino geht es gut, er liegt glücklich vor der Tür und hat keinerlei Beschwerden. Es folgt eine erneute Niesattacke meiner Mutter. Ich beschließe spontan: »Wir fahren nach Hause, so geht das nicht.« Und schon packe ich die Sachen zusammen, Schreibutensilien, Laptop, Kabel, Stromumwandler für Laptop, Stifte, Notizbuch, Handy, Ladekabel, Fotoapparat, Nahrungsmittel zum Kochen, Wein, Bier, Schnaps (den brauch ich heute noch), Bettwäsche, Gewand und Toilettezeug, Futter, Fress- und Wassernapf für den Hund, Hundeleine und Hund. Meine Mutter darf ich auch nicht vergessen. Entschlossen fahre ich ins Tal, mit meiner Mutter, die pausenlos niest, und einem Hund, der sich gar nicht mehr auskennt. Wir bringen Hermann den Schlüssel zurück, ich meine Mutter nach Hause. Zu Hause angekommen, packe ich meine Siebensachen (siehe oben) aus dem Auto und trage sie wieder zurück ins Haus, wo ich einen erstaunten Ehemann vorfinde. Das war ein schöner Ausflug. Ich freue mich riesig.

Was mache ich jetzt? Ich brauche einen angenehmen Ort, wo ich in Ruhe meine Texte fertigschreiben kann. Ich habe die Lösung und beschließe spontan, am kommenden verlängerten Wochenende mit meiner Familie, Mann, Tochter Nina und Pino, in einen winzig kleinen Fischerort nach Istrien zu fahren, den wir schon seit 30 Jahren immer wieder für Kurzurlaube aufsuchen. Eine schöne Gewohnheit. Ein paar Meter vom Meer entfernt schreibe ich, und lustigerweise fließen die Texte, anders als auf der Leuchtturminsel. Nachdem das hier so gut funktioniert, beschließe ich, hierzubleiben, bis mein Manuskript fertig ist. Da meine Tochter nach Wien und mein Mann unterrichten muss, bleib ich allein da und schreibe, schreibe und schreibe in wunderschöner Umgebung, verwöhnt von meinen Vermietern Vera und Zlatko, die mich mit istrianischen Köstlichkeiten und Wein verwöhnen. So schreibt sich's gut, so schreibt sich's fein. Und ich werde fast fertig und fahre von Triest mit Zug und Bus nach Hause. Ein gutes Gefühl!

Ehrlich gestanden, war ich etwas überfordert, als mein geplanter Schreibaufenthalt auf der Almhütte so abrupt unterbrochen wurde, da die Vorbereitung doch sehr aufwendig war. Doch meine unerwartete Reise nach Istrien war eine wunderbare Alternative, die ich als Belohnung empfinde. Das hat mich mehr als entschädigt, und ich hatte herrliche Schreibtage in der Sonne direkt am Meer, wo ich dieses Werk fertigstellen konnte. Ungeplant, aber wunderbar.

Habe ich sie gefunden, die Unvernunft?

Mittlerweile ist über ein Jahr seit dem Start meines Selbstexperimentes vergangen. Ich habe die Perspektiven gewechselt, die unglaublichsten Dinge erlebt, interessante Persönlichkeiten kennengelernt, alte Gewohnheiten verlassen und neue gefunden.

Meine Suche nach der Unvernunft brachte mir viele interessante Begegnungen mit Menschen unterschiedlichster Lebensmodelle, führte mich in Berufswelten und an Herangehensweisen, die mir bis dahin unbekannt waren. Ich spürte auch meine persönlichen Grenzen und erweiterte sie. Das intuitive Reagieren auf Momente, die sich unerwartet ergaben, führte mich an Orte, die ich bisher noch nie gesehen habe. Meine körperliche und geistige Flexibilität waren mehr als gefordert und katapultierten mich raus aus meiner gewohnten Lebenswelt. Dieses Projekt erforderte viel Mut und manchmal auch Überwindung. Jetzt wird es Zeit, mich wieder neu zu ordnen. Was Unvernunft wirklich ist, kann ich Ihnen noch immer nicht so genau sagen, aber ich weiß, dass sich mein Leben durch dieses Abenteuer weiter geöffnet hat, und das fühlt sich gut an.

Die unzähligen Interviews, die ich geführt habe, zeigten mir, wie groß die Sehnsucht der Befragten nach Veränderung und dem Aussteigen aus Routinen ist. Unmittelbares Lächeln, sehnsuchtsvolle Blicke und der Schalk traten in die Gesichter der Menschen. (Die Antworten zu den Fragen, die ich gestellt habe, finden Sie übrigens auch im Anhang.)

Viele sagten: »Ja, man müsste viel unvernünftiger sein«, was immer sie damit auch meinten.

Das Bild hängt schief

Kennen Sie die Situation, dass Sie in einem Raum sitzen, in dem ein Bild schief hängt, und Sie möchten am liebsten sofort aufstehen, um es gerade zu rücken? Wenn ich mein Leben als Gemälde betrachte, dann ist es ein ständiger Wechsel aus geraden, schiefen und auf dem Kopf stehenden Impressionen. Manchmal wackelt das Bild, ein andermal fällt es auf den Boden, bis ich es wieder ordentlich hinhänge. Mittlerweile halte ich es ganz gut aus, wenn das Bild mal schief hängt, und ich innerlich gerade bin, eine völlig andere Perspektive.

Der deutsche Maler und Bildhauer Georg Baselitz begann im Jahr 1969 mit der Motivumkehr seiner Bilder. Sein erstes Kunstwerk nannte er »Der Wald auf dem Kopf«. Seitdem malt er all seine Bilder umgedreht, das heißt, er nimmt ihnen die konventionelle Bedeutung, und der Betrachter nimmt die Farben und Bildkompositionen bewusster wahr. Baselitz wurde mit seiner Kunst weltberühmt. Mein Bruder Klaus Karlbauer, Komponist, Musiker und Performancekünstler, hatte beim Besuch einer Ausstellung des Künstlers eine Idee, die er unbedingt verwirklichen wollte: »Was ist, wenn ich die umgekehrten Bilder mit einer 16-mm-Kamera so filme, dass sie wieder gerade sind, dann steht die Umgebung wiederum am Kopf.« Diese Idee faszinierte ihn, und er versuchte, den Künstler, damals noch am Festnetz, telefonisch zu erreichen. Nach einigen Abwehrversuchen des Assistenten des Künstlers gelang es ihm schließlich, Georg Baselitz persönlich zu sprechen, und er war mit der Idee meines Bruders einverstanden. Klaus filmte die Kunstwerke, indem er die Kamera auf den Kopf stellte. Als er die Filme zur Entwicklung ins Kopierwerk brachte, war die Enttäuschung groß. Der Film war bereits abgelaufen und es war darauf nichts zu sehen. Er warf das Material kurzerhand in die Mülltonne. Aber er hatte es versucht und lacht noch heute über diese Geschichte.

Abschließend möchte ich Ihnen noch meine kleine Bildgeschichte erzählen. Vor ein paar Jahren unterrichteten meine Kollegin Aurelia, eine Tänzerin, und ich Musikstudenten im Rahmen einer Projektwoche auf einem Schloss. Am Ende eines feuchtfröhlichen Abends mit den jungen Studentinnen saßen wir beide noch allein im Gastraum des Schlosses, nachdem sich die jungen Leute auf eine Privatparty verabschiedet hatten. Angesteckt von der jugendlichen Unbeschwertheit begannen Aurelia und ich, alle Bilder, die an der Wand hingen, umzudrehen und verkehrt herum aufzuhängen. Wir stellten sie auf den Kopf und stellten auch das restliche Dekor ein wenig um. Wir hatten großen Spaß bei dieser Aktion und freuten uns schon auf die Gesichter der Leute beim Frühstück. Doch niemand bemerkte es, vorerst. Am darauffolgenden Morgen hingen die Bilder wieder gerade.

Ich meine, dass dies eine schöne Metapher für das Ende dieses Buches ist. Was damit gemeint ist, auf das müssen Sie schon selbst kommen.

An dieser Stelle endet meine unvernünftige Reise, und Ihre beginnt. Ich weiß, dass meine Suche im realen Leben weitergeht, denn dieses Experiment hat mir Lust gemacht auf mehr. Machen Sie sich auf den Weg, um rauszufinden, was Unvernunft für Sie bedeutet, und berichten Sie mir davon.

Viel Spaß beim Entdecken, Staunen, Experimentieren und Spüren der Lebendigkeit, die unser Leben um vieles bereichert.

Schön, dass Sie dabei waren.

Ihre *Andrea Latritsch-Karlbauer*

PS: Besuchen Sie doch meine Websites: *www.es-lebe-die-unvernunft.com oder www.latritsch-karlbauer.com*

Anhang

Danksagungen

Ich möchte mich bei allen Personen bedanken, die mein Projekt unterstützt haben.

Danke an meinen Mann Reinhard Latritsch, der mich bei diesem Experiment begleitet hat und dies mit Bild und Video dokumentiert hat. Danke für deine Geduld!

Danke an meinen Bruder Klaus Karlbauer, der die herrlich schräge »Unvernunftsmusik« komponiert hat und mich bei meinen öffentlichen Vorträgen musikalisch genial begleitet.

Danke an den jungen talentierten Künstler Gregor Karl für meine Cover-Zeichnung.

Danke an die Designerin Karin Loitsch, die mir ihr Outfit für die Fotos zur Verfügung gestellt hat.

Danke an Bettina Gollob für die Zusammenstellung der Interviews.

Danke an meine Mama Lydia für ihren Optimismus und das Liefern unkonventioneller Geschichten.

Danke an Herrn Prof. Dr. Peter Heintel für das Schreiben des Vorwortes und das Gespräch.

Danke an meine Freundin Michaela Widnig-Tiefenbacher, die mich auf die Schreibklausur in ihr Naturel Hotels & Resorts Dorf Schönleitn eingeladen hat.

Danke an meine Freundin Elisabeth Monder für die schöne Zeit in Holland bei der Martial Arts Week und das Probelesen.

Danke an meinen Freund Dr. Hermann Eder für die schönen Gespräche.
Danke an Julia Hirsch für ihre schöne Geschichte.
Danke an Horst Fallosch für die Vernetzung.
Danke an Kierty Verbooy und Jeannette Verbooy-Tatipata für die schönen Gespräche und unvergesslichen Stunden bei der Martial Arts Week.
Danke an Prof. Frithjof Bergmann für die Inspiration.
Danke an Onkel Willi für die schöne Zeit.
Danke an Frau Brenner für ihren Mut.
Danke an Elisabeth für das Glauben an das Gute.
Danke an Herrn Michael Krall für das spontane Gespräch.
Danke an alle Martial-Arts-Künstler für ihre Geduld.
Danke an Maaike für das berührende Gespräch.
Danke an Herrn Erwin Berger vom Mountain Resort Feuerberg, dass ich mein Kochexperiment durchführen durfte.
Danke an Chefkoch Danijel Radic und sein Küchenteam für die Geduld und das Interview.
Danke an Georg Berger für die Geschichte.
Danke an Max Schöffmann für die Geschichte.
Danke an das Ehepaar Lehmann für das Erzählen ihrer unkonventionellen Geschichte und die Inspiration für den Leuchtturm.
Danke an Herrn Ritter von der Firma Katz & Klump für die Hausbesichtigung.
Danke an all meine restlichen Interviewpartner.
Danke an Ivo, den Leuchtturmwärter.
Danke an Vera und Zlatko für die liebevolle Betreuung während meiner Schreibklausur in Istrien.
Danke an Linde Petschniker für das Probelesen.
Vielen Dank an das Verleger-Ehepaar Verena Minoggio-Weixlbaumer und Elmar Weixlbaumer für die Wertschätzung und die professionelle, konstruktive und humorvolle Betreuung während der Entstehung und Fertigstellung des Buches.

3 Fragen, die Sie unbedingt beantworten sollten

Liebe Leserinnen und Leser,

nun haben Sie das Buch zu Ende gelesen und ich hoffe, dass ich Sie ein wenig inspirieren konnte, um Ihre Perspektiven zu wechseln oder Dinge auszuprobieren, die Sie sich bis jetzt nicht zugetraut haben.

Zur Erleichterung stelle ich Ihnen noch einmal meine drei Fragen, um Ihnen auf die Sprünge zu helfen. Sie erhalten hier viel leeren Raum für Ihre Visionen und Gedankensprünge, die Sie dann selbstverständlich in die Tat umsetzen.

Vielleicht finden Sie ja die Unvernunft oder ganz etwas anderes? Ich freue mich, wenn Sie mir darüber erzählen und mir schreiben.

Viel Spaß dabei!

Ihre unvernünftige Autorin Andrea Latritsch-Karlbauer
e-mail: latritsch-karlbauer@aon.at

1. Was bedeutet für Sie Unvernunft und was müssten Sie tun, um es als unvernünftig zu bezeichnen?

2. Wann oder wobei fühlen Sie sich besonders lebendig?

3. Welche Rolle spielt die Gewohnheit in Ihrem Leben?

Interview-Ergebnisse

Name	männlich/ weiblich	Alter	Was ist für dich Unvernunft?	Was macht dich besonders lebendig?	Was verbindest du mit dem Wort „Gewohnheit“? Welche Rolle spielt das in deinem Leben?
Vicki	w	14	Was machen, ohne Plan. Alkohol trinken, rauschig sein.	Left Boy hören.	Ich habe nicht so wirklich G., ich lebe so in den Tag hinein, positiv.
Leni	w	15	Kindisch sein.	Eine Runde Cross fahren.	Alltag ist langweilig, die Schule auch, gemischte Gefühle.
Doris	w	21	U. ist Freiheit.	Mit den richtigen Leuten zusammen sein. Stimmung muss passen.	Alltag.
Alex	m	26	Scheiß drauf, frei sein. Gesetzmäßigkeiten brechen. Einiges ist positiv, aber verrückt. Grenzgänger sein.	Mit Leuten ausgelassen tanzen, in eiskaltes Wasser springen und betrunken ausgelassen zu tanzen.	Alltag und Sicherheit. Unreflektiertheit. Man benötigt Perspektiven von außen, um G. zu erkennen. Über die Veränderung bemerkt man die Gewohnheit.
Coloman	m	27	Dinge, die ich in keinen rationalen Kontext bringen kann. Hat mit Freiheit zu tun.	Musik machen. Hirn ausschalten. Nicht wissen, was tun, aber voll spüren. Angst und danach lebendig. Es wird gut ausgehen, und darüber freue ich mich.	Negativ, Reaktionen, traditionell, Spießbürgertum.
Christoph	m	28	Bewusst ins Unglück gehen.	Klettern macht mich lebendig. Von einer 160- m- Wand auf einen Bergsee schauen.	Mit G. wird alles fad. Sich gehen lassen.
Evi	w	29	Von der Gesellschaft auferlegt.	Ich spüre mich, bin geerdet und da.	Der Mensch ist ein Gewohnheitstier.
Nina	w	30	Fad sein.	Lachen.	Arbeiten gehen.

Name	männlich/ weiblich	Alter	Was ist für dich Unvernunft?	Was macht dich besonders lebendig?	Was verbindest du mit dem Wort „Gewohnheit“? Welche Rolle spielt das in deinem Leben?
Philip	m	32	Dinge werden über meinen Kopf entschieden. Über die Grenzen gehen. Mutig seinen Weg gehen. Nicht den gesellschaftlichen Zwängen folgen.	Tanzen, Musik hören, snowboarden.	G. sind anerzogene Muster, aber auch notwendig.
Heidemarie	w	38	Spaß, lustig lachen, im Oktober nackt im Wörthersee zu schwimmen, um Mitternacht mit Kindern Eis kaufen auf Autobahnraststätte.	Ein Gefühl, manchmal klein, manchmal groß, Freude, die in mir aufsteigt.	Ist für mich negativ, hat was Starres. Ich gebe mir Reize, die mich aus der Erstarrung aufwecken.
Irene	w	39	Grenzen überschreiten, ohne zu wissen, was passiert. Auf eine Leiter zu steigen, wo 2 Sprossen fehlen.	Kommunikation mit besonderen Menschen.	Täglich grüßt das Murmeltier. Arbeiten und leben im Hamsterrad.
Christiane	w	43	Zu viel trinken und essen. Fallschirmspringen.	Wenn ich am Dach stehe, am Berg oder beim Klettern. Wenn ich hoch oben stehe und in Bewegung bin.	Teilweise wichtig. Ich halte es aber nicht aus, immer das Gleiche zu tun.
Iris	w	45	Zu schnelle Entschlüsse fassen. Alles, was illegal ist. Sich wissentlich in existenzgefährdende Situationen einzulassen.	In der Natur, in der Ruhe unter netten Menschen.	Nimmt viel Platz in meinem Leben ein. Die Scheu davor, sich zu verändern.
Katharina	w	45	Ich fahr oft mit dem Rad Strecken, die für das Rad nicht so geeignet sind, und ich fahre trotzdem.	Wenn ich im Kopf frei bin.	Ich finde es wichtig, Momente der Ruhe zu haben. Das ist eine schöne G.

Name	männlich/ weiblich	Alter	Was ist für dich Unvernunft?	Was macht dich besonders lebendig?	Was verbindest du mit dem Wort „Gewohnheit“? Welche Rolle spielt das in deinem Leben?
Olga	w	45	Ab und zu sich zu besaufen, obwohl ich weiß, dass ich leide am nächsten Tag. Unvernünftige Einkäufe, Sachen kaufen, die ich nicht brauche. Sündhaft teure Dinge besitzen. Vor dem Spiegel hin- und herstolzieren. Im Kino laut zu lachen.	Sehr selten. Es ist immer ganz unerwartet. Natur, Wetter, Kinder, nettes Wort von meinem Mann oder ein Gedanke.	Erleichtert das Leben, Morgenroutine.
Monika	w	45	Die reinste Form menschlicher Intelligenz ist die Güte. Man braucht dafür Widerstand gegen die sogenannte Vernunft. Sehr positiv besetzt, spielerisch, Freiheit, Spontaneität.	Beim Tanzen, von Musik bewegt zu werden. Intensive menschliche Begegnungen auf Herzensebene. In der Früh im kalten See zu schwimmen.	Es hat 2 Seiten – einerseits Halt und Beständigkeit, allerdings besteht die Gefahr der Erstarrung.
Tanja	w	45	Wenn ich kurzfristig unüberlegt Entscheidungen treffe, die mich glücklich machen.	An einem schönen Tag in der Natur mit meinen Kindern.	Mein Mann, der macht immer das Gleiche.
Alex	w	46	Sich spontan gehen lassen würde ich manchmal gerne. Auf keine Regeln und Pflichten achten.	Tanzen und Musik, Bewegung in der Natur.	Aufstehen, essen, arbeiten, essen, schlafen, aufstehen ... Ein warmes Gefühl der Beständigkeit ohne Höhen und Tiefen. Eine warme Prise, die über die Haut streicht.
Gerit	m	47	Ich bin unvernünftig und bekämpfe das jeden Tag mit Vernunft. Mit 16 habe ich mich für mein Kind entschieden und ich bin glücklich darüber.	Bei alltäglichen Naturereignissen. Schwimmen um 6 Uhr morgens.	Je älter ich werde, umso mehr schätze ich die Rahmen, die Gewohnheiten bieten.

Name	männlich/ weiblich	Alter	Was ist für dich Unvernunft?	Was macht dich besonders lebendig?	Was verbindest du mit dem Wort „Gewohnheit“? Welche Rolle spielt das in deinem Leben?
Horst	m	48	Hat mit Genuss zu tun; wenn man Konsequenzen nicht einschätzen kann und es trotzdem tut, Zügellosigkeit, Extensivität.	Musik; schwierige Situationen, wo durch richtige Führung gute Lösungen herbeigeführt werden, meine Kinder, der Tod – und bei Begräbnissen fühle ich mich sehr lebendig.	Ich habe ein Leben geführt, das wenig Gewohnheit gehabt hat. Ich störe Gewohnheiten, wenn sie nicht förderlich für das Ziel sind. G. hat auch positive Aspekte und Tiefe.
Andrea	w	48	Ich habe meinen Mann nach dem ersten Kennenlernen gleich mit nach Hause genommen.	Sex mit meinem Mann, Bogenschießen (Training).	Ich habe wenig G., einengend, starr.
Martina	w	48	Ich würde nie von einer Brücke springen oder unangeschnallt Auto fahren. Alles, was mir guttut, kann nicht unvernünftig sein, auch wenn andere das meinen.	Nach dem Sex, wenn ich beim Golfen richtig gut bin, dann bin ich ganz leicht, denn das benötigt so viel Feintuning. Ich werde ruhig, konzentriert, leicht, ich spüre mich, ich verankere mich, ich habe Wurzeln. Das ist ein Fluss und das ist das Besondere.	G. ist für mich Wiederholung und nicht professionelle Routine. Und G. ist Komfortzone und Bequemlichkeit.
Horst	m	49	Hat viel mit Genuss zu tun, Maßlosigkeit. Ich lege Platten auf als DJ, ohne zu wissen, was herauskommt. Positiv behaftet.	Musik, Familie, Kinder.	Ich gewöhne mich gerade an G., da mein Leben ungewöhnlich verlaufen ist. Bin aber vorsichtig gegenüber G.
Andreas	m	50	Dass ich bei Rot über die Kreuzung gehe, wenn kein Auto kommt.	In der Natur.	Für mich nicht wichtig. Aus Pflicht arbeiten, obwohl es besser wäre, etwas anderes zu tun.
Sabine	w	52	Ist positiv, weil ich möchte den Zustand des Spannenden, Neugierigen immer wieder erleben.	Bewegung.	Ich fürchte mich davor, im Alter der Gewohnheit zu verfallen.

Name	männlich/ weiblich	Alter	Was ist für dich Unvernunft?	Was macht dich besonders lebendig?	Was verbindest du mit dem Wort „Gewohnheit“? Welche Rolle spielt das in deinem Leben?
Bettina	w	52	Wenn ich spontan aus dem Bauch agiere, ohne über die Konsequenzen nachzudenken. Wenn ich auf eine Weltreise gehe ohne Vorbereitung.	Beim Tanzen.	Unbeweglichkeit. Einerseits gibt es mir Struktur, und andererseits hindert es mich daran, etwas zu ändern.
Sylvia	w	52	Mein Privatleben ist eine einzige Unvernunft. Nicht aufzupassen, was man eigentlich tut. Zu wissen, dass einem etwas nicht guttut, und es trotzdem zu tun.	Ich bin lebendig.	Die G., die ich jetzt habe (herumschlampeln), in etwas Gewohntes (Wohnung) zu verändern.
Marianne	w	53	Ich finde es unvernünftig, dass ich keine Kinder bekommen habe.	Bei Aktivitäten in der freien Natur.	G. wie Kaffee, Alkohol sollte man ändern. Regelmäßigkeiten geben mir Halt in meinem Leben.
Emanuel	m	54	Ich bin ständig unvernünftig: Ich rauche, ich fahre mit meinem alten Bus 1000e km und weiß nicht, ob ich zurückkomme.	Wenn ich in eiskaltes Wasser springe.	An und für sich negativ, hat aber auch viele positive Aspekte. Es ist angenehm, wenn Arbeitsabläufe Routine erfordern, dann kriege ich eine Verschnaufpause. G. sind notwendig, um schwierige Situationen leichter bewältigen zu können.
Reini	m	54	Die Möglichkeit, aus seinem Alltag auszusteigen. Das Leben von der maßlosen Seite zu spüren. Der Ausgleich dazu, was man so täglich macht.	Nach der Matura habe ich mich so lebendig gefühlt wie noch nie. Lebendigkeit ist überall. Wenn sie nicht überall wäre, dann wäre alles nichts.	G. fällt mir auf, wenn ich aus ihr aussteige.

Name	männlich/ weiblich	Alter	Was ist für dich Unvernunft?	Was macht dich besonders lebendig?	Was verbindest du mit dem Wort „Gewohnheit“? Welche Rolle spielt das in deinem Leben?
Gabriele	w	54	Ist sehr spät gekommen. Muss ich mir bewusst erlauben, weil es in mir nicht vorhanden ist. Ist für mich erstrebenswert.	In der Natur. Da gibt es ganz erfüllte Momente. Harmonisches Gruppengefühl.	Unterstützende Rituale, die mir Struktur und Sicherheit geben. Ist aber auch langweilig und bremst.
Gertrud	w	54	Wenn ich etwas mache, ohne zu denken.	Ganz lebendig fühle ich mich bei Janis Joplin.	Spielt keine große Rolle. G. macht mich unkonzentriert und ist langweilig.
Klaus	m	55	Mein ganzes Leben basiert auf Unvernunft. Treffe immer Entscheidungen, die andere als unvernünftig beurteilen würden.	Meistens, außer wenn ich schlafe. Wenn ich bei mir bin. Tägliche Beschäftigung mit Dingen, die ich gerne mache.	Das Positive ist, dass es gewisse Dinge erleichtert. Doch man kann Dinge übersehen.
Roland	m	55	Auf den Berg gehen und runterspringen.	Wenn ich auf den Berg gehe und nicht runterspringe.	Wichtig, Familie.
Hubert	m	55	Zu heiraten ist für mich nicht positiv; wenn man ab und zu unvernünftig ist, dann erlebt man was.	Wenn ich offen bin für Neues. Ich bin für nichts zu alt.	Alltagstrott.
Ines	w	55	Wenn draußen -10 Grad sind und ich mit dem Unterleiberl draußen sitze. Wenn du aber geistig geschult bist, hältst du das auch aus.	Ich bin nicht mehr lebendig, ich bin schon tot. Wenn ich was geben kann, z.B. Liebe. Etwas Positives, das einem anderen Menschen hilft.	Eine gewisse Art von Disziplin, so lang man diese Rituale halten kann, dann ist das eine gute G.
??	m	56	Eine Bauleitung zu übernehmen, ohne zu wissen, ob ich das kann.	Dass ich oft sehr unvernünftig bin.	Macht das Leben sicherer, aber langweiliger.
Hannes	m	56	Wenn ich in einen See kopfüber reinspringe, ohne vorher nachzusehen.	Wenn ich im Gurktal beim Schwammerlklauben ein riesiges Feld finde.	Alles, was ich schon gemacht habe.

Name	männlich/weiblich	Alter	Was ist für dich Unvernunft?	Was macht dich besonders lebendig?	Was verbindest du mit dem Wort „Gewohnheit“? Welche Rolle spielt das in deinem Leben?
Silvia	w	56	Da fällt mir nichts ein.	Wenn ich im Sommer in den See springe.	Sehr wichtig, geordneter Ablauf ist sehr positiv.
Frieda	w	56	Dinge zu sagen, obwohl ich es nicht will.	Wenn ich genau das tue, was meins ist.	Manchmal brauche ich es als Sicherheit. Bei G. kann ich auf Autopilot schalten.
Maria	w	56	Es gibt keine U., gibt's für mich nicht.	Wenn ich viel Sauerstoff in mir habe.	Ist für mich nicht wichtig, hemmt die Spontaneität.
Magdalena	w	57	Der Neugier nachgehen, nach meinem Bauchgefühl, Fallschirmspringen.	Tanzen, Musik. Ich könnte in Musik hineinfallen.	Sicherheit, bei Sonnenaufgang spazieren gehen.
Arno	m	60	Vernünftige U.; selbstgebr. Wahrheiten infrage stellen, und sich selbst grundsätzlich ernst nehmen, aber nicht immer. Zeit einplanen, um Handlungen und Denkweisen infrage zu stellen. Unvernünftige Unvernunft – Das Leben nur unter Vernunftsgesichtspunkten zu betrachten.	Mit Menschen arbeiten.	Klingt negativ, ist aber die Grundlage des Lebens.
Klaus	m	62	Mit dem Auto 200 km/h fahren oder die Frau ärgern.	Bei einer sportlichen Aktivität, wenn die Sonne aufgeht.	Alltagstrott, das ist G., wenn ich eine Hose anziehe oder ein Hemd.
Andrea	w	62	Etwas zu tun, wo ich Schaden nehme. Ein Haus gekauft, wo mir alle abgeraten haben.	Wenn ich in Thailand ins kristallklare Meer steige, in der Nacht durchs 30 Grad warme Meer schwimme, und das fluoreszierende Licht durch meine Finger scheint.	Lieb gewordene Dinge, Rituale, die ich liebe. Jeden Morgen gehe ich in den Garten, begrüße meine Fische und gieße meine Pflanzen.
Franz	m	63	Frauengeschwätz.	Das, was jeden Mann lebendig macht: Ein paar Stöße plaudern, mit einer netten Frau.	Morgenschiss.